U0933185

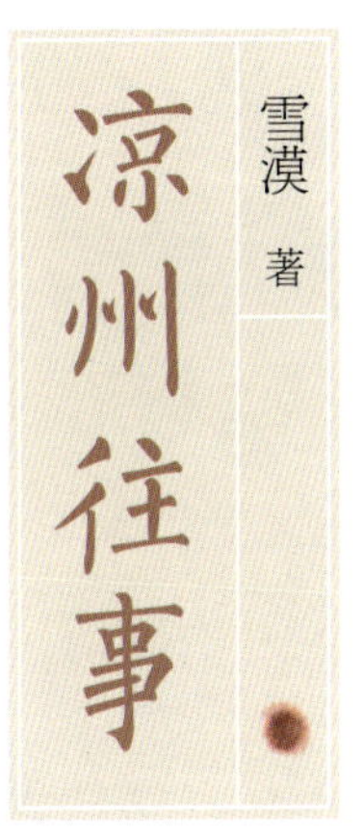

中国大百科全书出版社

图书在版编目（CIP）数据

凉州往事/ 雪漠著. —北京：中国大百科全书出版社，2017.11

ISBN 978-7-5202-0198-8

Ⅰ. ①凉… Ⅱ. ①雪… Ⅲ. ①散文集-中国-当代

Ⅳ. ①I267

中国版本图书馆CIP数据核字（2017）第272715号

出 版 人　刘国辉

责任编辑　李默耘　姚常龄

责任印制　魏　婷

装帧设计　李　洁

出版发行　中国大百科全书出版社

地　　址　北京阜成门北大街 17 号

邮　　编　100037

网　　址　http://www.ecph.com.cn

电　　话　010-88390603

印　　刷　天津顾彩印刷有限公司

开　　本　880 毫米 ×1230 毫米　1/32

字　　数　70千字

印　　张　6.875

版　　次　2017 年 11 月第 1 版

印　　次　2021 年 1 月第 2 次印刷

定　　价　36.00 元

目录

土壤与生命

从某种程度上讲，一个作者在成为“作家”前所经受的那种文化熏陶，决定了作家的未来。

小时候，我家很穷，人口多，劳动力少，生活很是贫困。刚懂事，我就去牧马，并干些很苦的农活，挣点工分，以减轻父母的负担。那时，我连肚子都混不饱。读书，是想都不敢想的事。农闲时，父亲就请来“瞎仙”唱凉州贤孝。

我后来认为，对我的创作影响最大的，是凉州贤孝。凉州贤孝虽谈不到精深，却很博大，它可以和藏族的《格萨尔王》媲美。自春秋战国，到解放大西北，对这几千年的历史，贤孝都有相应反映。

其曲目浩如烟海，它反映的内容和正史不一样，正史多记朝廷大事，贤孝多反映百姓生活。后来我才发现，听贤孝，是我最早的艺术熏陶，它直接影响了我。要是没有贤孝的熏陶，也许就没有我的创作。贤孝的叙事方式，和托尔斯泰很相似。它也是进入主人公的心灵，叙述他看到了什么？正在想什么？做什么？也以描写生活画面为主。它的风格很古朴，也很优秀，是典型的现实主义叙事方式。里面有许多民俗性和文化性的东西。它有故事，但又不仅仅是在讲故事，里面还包含着凉州独有的民俗风情和民众心态。

凉州贤孝艺术中，有许多和《红楼梦》很相似的内容。比如吃喝玩乐，描写很是细腻。这在西部文化中显得很独特。西部粗线条的东西多，但贤孝艺术却很是细腻，包括一些男女之间的“维”朋友，甚至做一件衣服的过程描写得也特别细腻，很有艺术观赏性。在西部艺术中，我很少发现有贤孝这样细腻的东西。非常遗憾的是，这种艺术至今没被人发掘。而且，随着一批批民间老艺人的去世，贤孝也会被岁月湮没。贤孝以口传为主，没有文字记载。每一个死去的艺人带走的，也许是一部部历史。这是很可惜的。

在以凉州贤孝为代表的凉州文化熏陶下，甘肃武威成为一个有独特文化底蕴的地方。比如，这儿几千年来没有爆发过农民起义。即使有所谓暴动，也是一哄而起，一哄而散，既无波及四方之势，也乏其应有的坚韧顽强。这样的地方，在全世界都很罕见。几千年来，凉州相对太平。“秦川中，血没腕，惟有凉州倚柱观。”据胡三省《通鉴》注释称：“永嘉之乱，中州之士避地河西，张氏（轨）礼而用之，子孙相继，衣冠不坠，故凉州号为多士。”荟萃于凉州的士人们，留下了一笔可观的文化财富。“其文化上续汉魏两晋之学风，下开（北）魏（北）齐、隋唐之制度，承前继后，继绝扶衰”（陈寅恪《隋唐制度渊源论稿》）。这笔文化财富归宿有二：一是成为后来敦煌学的重要组成部分；二是流落于民间，以贤孝、宝卷、手抄本等形式流传下来，进而影响了凉州的民俗风情和民众心态。相对的安定，导致了人文荟萃。

在这个文化圈中，既能孕育天才的唐钟汉简铜奔马，亦不乏巫婆神汉师公子；高雅的西凉乐舞、通俗的贤孝宝卷、阳刚的攻鼓子、阴柔的民间小调，皆能各得其位，各具其妙。观音度吕祖，无人说荒唐；巫婆神汉，各显其能；俗神与罗汉齐舞，天神与地鬼并祭，谁也没觉出有什么不对。与其说是儒释道思想影响了凉州文化，不如说是凉州人爱用凉州文化思维推衍儒释道理论。

因为拥有了一个文化宝库，我才显得很自信。我不管这个世界去说些什么，只是很自信地写。我想，只要我洗去灵魂上的污垢，摒弃小我，用充满爱的笔墨把这一宝库展现在世人面前，成功也许是有其必然性的。所以，当作家真正拥有了他的家乡，并成为一种文化代言人的时候，他就能相应地拥有一个丰富的心灵世界。而这个心灵世界，是可以和外部世界平等对话的。内外两个世界，具有

同等的价值。写出一个时代和一个地方独有的文化与生活，是作家的责任。因为，眼前的一切，很快会成为历史。把它们保存下来，作为一种历史的记载，是作家不可推卸的责任。

凉州与凉州人

1

中国历史上的凉州，不仅仅是今天的甘肃凉州区。自汉朝建郡以来，凉州的名字换了多次，有时叫“武威”，有时叫“姑臧”，有时叫“西凉”，有时叫“前凉”……其疆域，也时大时小。最大时，把大半个甘肃都占了，还扩延到周围几省，史称“凉州大马，横行天下”。不过，凉州在中国历史上的地位，不能以其地盘的大小来衡量。要研究中国文化，你不可能绕过凉州。比如：佛教传入中原时，凉州是最关键的一站，佛光西来，自此扩散，才有后来的格局；中国四大佛经的翻译家鸠摩罗什就在凉州住过十多年，他对中国汉文化的了解，就是在凉州完成的，至今，他那个著名的焚不烂的舌头还埋在凉州，接受着历代过客的朝拜；要是你研究中国的建筑，那就更绕不开凉州了，北京西安等旧都城的模式，最初的源头，就是凉州……总之，中国文化的许多方面，其发祥地就在凉州。陈寅恪的《隋唐制度渊源论稿》里，有许多相应的证据。

凉州的地理位置十分重要。它东接兰州，西通新疆，山脉前隔，沙漠后绕，“通一线于广漠，控五郡之咽喉”。古浪峡被称为中国西部的“金关银锁”，最窄处宽仅数米，一夫当关，万夫莫开。于是，就留下了许多故事，比如宋代的杨门女将征西夏时，到古浪峡，走投无路，跳崖自尽，留下了“十二寡妇滴泪崖”的传说。西路军也在古浪峡跟马家军打过一战，死伤惨重。上次，我带上海文化出版社的编辑吴金海和黄韬去我家，路过古浪峡时，他们不由得惊叹：难怪西路军受挫，这儿，只要架挺机枪，就很难过去。的确，那是条狭长的走廊，峭壁千仞，势若蜂腰，中有小道，蜿蜒西窜。整个凉州，西边是祁连山，东边是腾格里和巴丹吉林两大沙漠，中间便是地理书上的“河西走廊”。扼住了凉州，就等于扼住了丝绸之路的咽喉。

因为地理位置的重要，凉州便成为丝路重镇和经济交流的都会，同时也决定了其深厚的文化积淀。凉州自古多安定，古谣云：“秦川中，血没腕，唯有凉州倚柱观。”凉州百姓爱好和平，从不排外，能忍辱负重，讲究“吃亏是福”，商贾往来，从不欺凌，渐成经济文化重镇。在唐代，就有“凉州七里十万家，胡人半解弹琵琶”之说。

凉州历史悠久，据考证，原始氏族公社时期，人类就在这儿活动。四千多年前，这儿就开始使用铜器。春秋时，为西戎属地。当周幽王宠幸褒姒，烽火戏诸侯后，攻入酆镐之地的西戎兵中，就有凉州人的祖先。战国后，凉州为月氏住地，后为匈奴休屠王所占。汉时，骠骑将军霍去病率军袭击匈奴，取得胜利，河西走廊哭声动天：“亡我祁连山，使我牲畜无繁息；亡我焉支山，使我妇女无颜色。”此后，汉武帝设河西四郡，凉州始名为“武威”，归属中央版图。

凉州人爱好和平。几千年来，这块土地上，没爆发过一次农民起义。仅有的一次所谓“暴动”，是清末的抗清义士齐飞卿发动的。当时，官府对百姓的压榨已到极点，据凉州小调的唱词称：“娃娃要的爬爬钱，老汉要的拐棍钱。”苛捐杂税，多如牛毛。当时，据说与孙中山有联系的齐飞卿等人，便以哥老会为基础，鸡毛传帖，发动百姓，反抗官府。这次行动，被志书上称为“暴动”，但老百姓却叫“打巡警”。这一称谓，很有意思。前者融

入了民族大义，后者仅是泄愤而已。凉州百姓可不管朝廷叫“清”，还是叫“明”，他们只管对方是否欺负了自己。有个凉州小曲儿，专唱这事，云数千百姓，涌上街头，把巡警楼砸了个稀烂，群情激愤，气焰嚣天，但官兵一到，便作鸟兽散了。齐飞卿外逃，后来又潜回凉州，再次举事，却被堂兄弟告密，叫官府逮去，砍了脑袋。这便是凉州历史上最有阳刚气的一次行动了，一哄而起，一哄而散，既无波及四方之势，亦乏其应有的坚韧顽强。这不是偶然现象，了解此理者，便了解凉州。

相对于战乱频繁的中国历史，凉州实在是个安定的角落。便是在元初，成吉思汗的铁骑如热汤泼雪一样，把世界上许多名城夷为平地、生灵们的血泪黄河般流淌时，凉州仍是个安定的港湾。同属河西走廊的酒泉，就被蒙古兵屠城，血如河海，头似滚沙，据说死了四十万人。那个叫西夏的王朝，更是被蒙古人的大笔，从历史上涂抹得一干二净，连文书也成了稀罕物品。可是，当时作为西夏陪都的凉州却神奇地活了下来，并完成了中国历史上的一次重要会盟——由蒙古王子阔端和西藏宗教领袖萨迦班智达参加的“凉州会盟”。此前，西藏是“浪迹天涯的游子”，此后，它正式归属中国版图。萨迦班智达圆寂后，就埋在凉州的白塔寺里。那灵塔，遂成西藏归属祖国的重要物证了。

熟悉凉州的外地人都说凉州很怪，是难以捉摸的“怪”。当然，本地人是见怪不怪的，千年了，也没人诧异过这“怪”。倒是觉出了“怪”味的外地人不久便被这“怪”腌透了，进而也情不自禁地繁衍出“怪”味，染上地道的凉州气了。

汉唐以来，许多外来民族就这样被同化了。他们可以异常强悍地挥动金戈，驱驰铁马，纵横中原大地；但一入凉州，便无声无息地消融于凉州文化的大池塘里，连个水珠儿也没有溅起。

他们都成为地道的凉州人。

也许，他们也曾觉出过凉州的“怪”，但甚至来不及叹息，自身便成为“怪”味的来源。

这是一个既异常封闭又能大度包容的怪圈，其丰富和独特举世罕见。一日本汉学家故称：欲了解敦煌学，不了解凉州不成；欲了解丝绸之路，不了解凉州不成；欲了解中国，不了解凉州不成。

相对的安定，导致了人文荟萃，而汇聚的佛道文化，又成为安定的一个文化基因。久之，凉州遂形成一个文化怪圈。这个怪圈文化既有封闭性，又有包容性。其封闭性使其地域文化完全异于别处，即使佛道两教也打上了鲜明的凉州烙印；其包容性又促使了民族的大融合。秦汉以来，这块土地上先后有戎、翟、大月氏、乌孙、羌、匈奴、鲜卑、吐蕃、回鹘、党项、蒙古、满、回等民族，但久而久之，连一些本来独立性很强的民族也被同化了。

在这个文化圈中，既能孕育天才的唐钟汉简铜奔马，亦不乏

巫婆神汉师公子，高雅的西凉乐舞，通俗的贤孝宝卷，阳刚的攻鼓子，阴柔的民间小调，皆能各得其位，各具其妙。

由于凉州文化之丰富且封闭，不少学者对凉州知之甚少，即使对西域十分熟悉的日本作家井上靖，在写到凉州时也只能一笔带过。他可以写敦煌、写楼兰、写长安，但他写不了凉州。因为进不了凉州文化圈子，即使是天才的构想，也显得十分虚假。

千百年来，主流文化的车轮可以在中原大地甚至边陲异域巨雷般滚动，凉州文化怪圈却一次次将它拒于门外。面对外来文化的一浪浪冲击，怪圈坦然笑道："你不可改变我。"有时，这个怪圈也会慷慨地敞开大门，但其目的不在于吸收，而在于同化。它可以开门揖"盗"，诱敌深入，而后同化你。

吸收与同化的区别在于前者取其精华，剔其糟粕；同化则是"腌"，像凉州人腌菜一样，把白菜、萝卜、芹菜等混在一起，撒上调料，直腌到你中有我，我中有你，难分彼此，一团和气。其时，优点与劣势并存，糟粕和精华共在，诸味相串，叫你很难用好坏来衡量。

在这个怪圈中，一切都被异化了，连"以戒为师"的佛教，也难幸免。你见过汉地有饮酒茹肉娶妻生子却被名之为"和尚"的吗？凉州有。在凉州洪祥乡，就有这种祖传的行业，可娶妻生子，可茹肉饮酒，平时是俗人，发丧成和尚，诵佛经，行佛事，并没人觉得大逆不道，老百姓只要认你，你就有生存的价值，就能以“和尚”名之。这虽是个别现象，其象征意义却很重大。

在凉州，你几乎找不到纯粹“拿来主义”的圈外理论。这儿绝不可能如南方诸地忽而这个主义流行，忽而那个主义吃香，张口闭口，多夹生的外来名词。

翻开历史，每次时代浪潮在中国大地拍响时，带给凉州的，也许仅仅是涟漪。怪圈外山洪勃发，怪圈内死水微澜。时代的呼唤总是很遥远，唤不醒沉睡的凉州人。偶有清醒者，也想振聋发聩地“吼”几声，但也许连个回音也听不到的。不久，他定然也会在连天呵欠的感染下昏昏欲睡了。我的长篇小说《大漠祭》写的就是这种生存状态。凉州是块奇异的文化活化石，很有了解和研究的必要。

可以说，明清之后，凉州人的群体性格便成为历史进程的凝滞点。这一点，可以用流传数百年之久的贤孝、宝卷、民间小调来证明。他们可能是绞去辫子的清朝人，甚至可在任何朝代发现他们的影子，唯独不能安在他们头上的，是“现代人”这个词。

2

下面，我们前往凉州。

出了兰州，西行不久，有大山横亘，地势险要。坐在车上，你虽看不到山的陡势，但耳膜会倏然发胀。这山，海拔 3562 米，是河西走廊东端的门户，叫“乌鞘岭”。过了这门户，才算进了“走廊”。那一座座山，像冬眠的獾猪一样，首尾相咬，缠绵蜿蜒，扭来窜去，不知所终。这，便是著名的祁连山脉。那“祁连”二字，据说是匈奴语中“天”的意思，所以，祁连山也叫天山。

古凉州水草丰美，汉代时就是著名的牧场。班固《汉书》云：“地广人稀，水草宜畜牧，故凉州之畜为天下饶。”一过乌鞘岭，你马上就会发现那大片的草原，“野阔牛羊小，天空鹰隼高”。绿毯随地势跌宕，牛羊在草里嬉戏，玉笛牧歌，银溪淙淙，景色如画，美不胜收。最惹眼的，是天祝白牦牛，它“独此一家，别无分店”，是地道的当地特产。它的肉质鲜嫩，纤维细腻，奶中的蛋白质含量也明显高于别的牛类；尾巴和缨毛曾为朝廷贡品，很是珍贵，旧时演戏，就用它做胡须、蝇拂、假白发等。再西行，穿过狭长的峡和光秃秃的山，便融入一片广大的沃土。那近的麦浪，远的雪山，一望无际的田野，还有那蓝得能掬来洗脸的天空，会令你身心俱爽呢。

在凉州，名胜极多：如天梯山石窟，它开凿于北凉时期，距今一千五百多年，早于云冈石窟和龙门石窟，是我国早期石窟的代表。石窟开凿之后，西域高僧昙无谶就远道而来，学习汉语，

讲经传法，并翻译了《大集经》《慧华经》等十多部佛经，共百余卷，在佛教史上占有重要位置；如海藏寺，建于宋元之间，元朝国师八思巴曾在此驻锡；如磨嘴子汉墓群，因出土汉简等大批文物而闻名于世……还有许多，不再枚举。

凉州的出土文物中，最有名的，是铜奔马，也叫“马踏飞燕”“马超龙雀”，或“天马”。它的出土地，叫雷台，在凉州城北郊。雷台是古代祈雨的地方，黄土夯筑而成，高数丈，方圆百十米，上有雷祖殿，故名。

因为凉州一向干旱少雨，早年，便诞生了一个特殊的行业：祈雨。祈雨者多为道士，坐过静，有所谓祖传法术。每遇旱灾，县知事便会在万民的撺赶之下去和道士们谈判：限下时日，求下雨来，酬粮几百石；若求不下雨，就烧死祈雨者。祈雨之地，多在雷台上。

凉州人对雷神的态度，很有意思。平素里，也给雷神上供焚香，恭敬有加，但若是天不下雨，祈雨者就会生出一系列的法儿来整治雷神，比如，用判了符的雷碗来轰击雷柱，逼雷神下雨。据说许多时候，雷神很是听话，道士们也能在时限内祈下雨来。

雷台多供奉道教神灵，除雷祖殿外，还有三星殿、北斗七星殿、南斗六星殿等，遂成凉州道教圣地。每到初一、十五，雷台湖里便人山人海，许愿者、还愿者、赶集者、经商者，各满所愿，热闹非凡。数以百计的神婆也蜂拥而至，或唱歌，或跳神，或燎病，或学艺，熙熙攘攘，成为凉州独有的景致。

铜奔马发现于 1969 年。当地农民在雷台上挖战备地道时，发现了一个大型汉砖墓。墓中出土，十分丰富，珍贵文物，数以百计。最醒目的，便是那铜奔马，它三足腾空，昂首嘶鸣，一足踏着飞鸟，神势若飞，既显示了天马一跃千里的速度，又利用鸟的躯体扩大了着地面积，保证了马的平衡。这马，融入了古代凉州人的高度智慧，有精巧的艺术构思和超人的想象，先后在十多个国家展出，屡屡引起轰动。后来，被国家旅游局定为国家旅游标志。

除了雷台，值得一谈的，还有文庙。

文庙在市区内，古柏青槐，遮天蔽日，清静幽雅，别有洞天，“地敞而境幽，近市而尘隔”。其规模，“壮伟宏耀，为陇右学宫之冠”。

文庙初建于明代正统二年，后多次扩建。它原有三组建筑物：文昌宫、文庙和凉州府儒学。现存文庙和文昌宫。凉州区博物馆就设在里面，陈列了许多举世闻名的珍品，如汉简、西夏碑、西夏铜火炮等。

文昌宫供奉文昌帝君，他是玉皇大帝委派的专管禄籍的神灵。据说，他瞅中谁，便授意魁星去点谁，被点者便会文运亨通，文名大昌。为了巴结文昌帝君，从康熙年间开始，历代学子们就给他敬献匾额，几百年来，文昌殿的卷棚内挂满了各种匾额，上书：

“辉增四垣”“文明长昼”“聚精扬纪”“辉腾七曲”“云汉天章”等。这些匾额，雕饰精美，多为书法中的珍品。

文庙内有一石桥，人称“状元桥”。几百年来，过桥者难计其数，却无一人中过状元。凉州历史上，科举考试名次最靠前的，是清朝的牛鉴，中了二甲第四名，在进士中名列第七。他的官也做得最大，据说当过咸丰皇帝的老师，后来又当了两江总督。在鸦片战争中，牛鉴临阵脱逃，使吴淞口失守，导致了《南京条约》的签订，因此留下骂名，叫凉州人欷嘘不已。

相传，牛鉴家景贫寒，临近科考，却无上京的盘缠。他的母亲就宰了家中唯一的母鸡，劈了门扇，煮了鸡，想请来左邻右舍，告个艰难，请他们为儿子凑些路费。谁料，竟无一人上门。有个河南人看不过眼，卖了自家铺子，资助牛鉴上京，牛鉴才得以金榜题名。后来，牛鉴当了河南巡抚，为河南人办了不少好事。因对家乡人失望，牛鉴的一生，并不曾为凉州做过什么，只留下了“肥牛不耕地”的慨叹。

“状元桥”上，是“棂星门”，为一木制牌桥，飞角翘檐，气象雄伟。南望，便见六扇朱红戟门，装有四十九颗铜泡钉，看上去很是堂皇。两侧为乡贤祠，用以供奉社会贤达和清官的牌位。北面是大成殿，宋元时期建筑风格，殿前有孔子雕像，每年高考前香火缭绕热闹非凡，平时则冷清萧索。孔夫子浑不在意，独立于寒风之中，慈眉善目，笑出无穷暖意来。

在凉州人眼里，文庙的地位极高。在我的《大漠祭》中，没上过学的憨头临死前，唯一的心愿，就是逛逛文庙。对这一情节，人称“神来之笔”。其实，我只是将生活搬入文学而已。我弟弟死时，只有二十七岁。死前，他别无所求，只希望我陪他逛逛文庙。一个无任何背景的农家孩子，想挣出黄土的束缚，改变命运，只有通过读书。但为了供我上学，他过早地离开学校，去卖苦力。弟弟一生的心愿，只能通过逛文庙来了结了。那种灵魂的疼楚，是很少有人能体会的。

凉州人对文化的崇拜，几乎到了迷信程度：庄户人家打庄盖房，都要在庄门的压泥板下放几本书。除了对文化的敬仰外，还认为，书能辟邪。据说，所有邪魔鬼怪，都怕书；很小的时候，母亲就教育我，不能用有字的纸当手纸。凉州人宁可用土块擦屁股，也要敬惜字纸，把有字的纸烧了，以显示对文化的尊重；现在的乡下，最好的房子是学校。从地市领导，到平民百姓，从实业家，到五保户，他们齐心协力，创造过凉州历史上最感人的人文景观。多年来，非政府投资渠道的各类教育捐资就数以亿计。凉州人咬紧了牙根，勒紧了腰带，硬是用自己瘦弱的臂膀，扛起了一座大厦。

3

在凉州，还流行一种弹唱曲艺，叫“贤孝”。我认为，对凉州人影响最大的，应是凉州贤孝。

贤孝是地道的凉州特产。长大后，我去过许多地方，但从没发现有个叫“贤孝”的东西。据说，以前有西宁贤孝，但究其根源，也以凉州贤孝为正宗。它与凉州杂调、河西宝卷、凉州半台戏齐名，是一种很值得挖掘和研究的民间艺术瑰宝，目前已濒临失传。笔者虽多次向有关部门建议，可惜人微言轻，不被重视。据我了解到的情况，若不及时抢救，几十年后，这一艺术瑰宝将会被岁月淹没。

贤孝，顾名思义，一贤，一孝，前教人如何做人，后教人如何为子，内容因之而定了：诲贤诲孝而已。听贤孝成了我儿时很重要的启蒙教育。闲暇时，爹就请来瞎仙，村里人也蜂拥而来。男人边抽烟，边喝茯茶，边响地说笑；女人边纳鞋底，边叽咕，一任那甘霖似的三弦子音浇熄一天的疲惫。

唱贤孝者多为盲人，人称“瞎仙”或“瞎贤”。把唱贤孝者名之为“仙”或“贤”，由此可看出贤孝在凉州人心中的位置。

瞎仙是公认的当地能人，非“仙”字不足以称其能。他们仿佛禅宗六祖惠能，虽不识字，却谙通经书，智慧如海。有的兼做摸骨，其眼虽盲，手却灵异，执手一探，便知吉凶，据说，还能算出你一生的寿禄祸福呢。他们无一例外地是乡村历史学家，搬弄史实，如数家珍。公元某年，发生何事，某事件之内幕究竟若何，总能说出个子丑寅卯来。他们甚至知道汉朝张良的妻子的阴毛是金色的。笔者小说《长烟落日处》中的类似细节，即是瞎仙提供的。

我的家乡最有名的瞎仙姓贾，名福山，博闻强记，自视甚高。中国四千年历史，都烂熟在他的腹中，他随手一掏，就能叫人目瞪口呆。他能推阴阳，卜吉凶，六十花甲子倒背如流。每到大年初一，村里人就要去问他："今年的喜神，在哪个方向？"贾瞎仙就掐指一算，指出方向。于是，村里人便牵了牛马驴羊，一窝蜂朝瞎仙指引的方向去迎喜神了。

明眼人靠盲人指路，也算是凉州一奇了。

贤孝段子很长，有的，得没日没夜唱十多天。其形式是："瞎仙"抱着三弦子，边弹边唱，或散文叙述，或韵文抒情，其音乐，古拙质朴，如泣如诉。离开家乡的日子里，最令我激动的，就是贾瞎仙为我录制的贤孝音乐。我常常能从嘣嘣的弦音中听出黄土地的呻吟和父老乡亲的挣扎，一种浓浓的情绪常使我泪流满面。写《大漠祭》的十余年里，贤孝的旋律，常萦在我的心头。在苍凉、悠远、沉重、深邃、睿智的贤孝声中，我走出了小村，走上了文坛。

那弦音里苍凉的枯黄色，已渗入我的血液，成为我小说的基调之一。

记得那时，母亲老反对爹请瞎仙。因为弦音一起，村人就蜂拥而来，把家弄个乱七八糟。还因为，爹总是将一些家中紧俏的东西如煤炭之类救济瞎仙。那时，我家很穷，但爹却是村里最大方的一个。爹一请来瞎仙，妈就知道，有些东西又不做主了，便背了人，恶狠狠瞪爹。爹便心虚着憨憨地笑。心虚归心虚，却依然乐此不疲地将那些自家都舍不得用的东西送瞎仙。过后，妈定然要跟爹吵闹。爹便说，你不见，娃子爱听。这仿佛是个天大的理由，妈马上不吱声了。

于是，在一个个不眠的夜里，大人们喝着酽酽的茯茶，沉醉在贤孝声中。而小孩子的我，也睁圆了眼，没日没夜跟了弦音悲喜。虽说我喝不下那牛血一样红、跟中药一样苦的茯茶，却也能奇怪地“惊醒”，瞎仙唱几天，我就能听几天。不久，我就记下了大段的唱词，并能模仿瞎仙唱贤孝了。

凉州的瞎仙多，谁有谁的拿手本子，谁有谁的独特唱法，各有各的师承，各有各的绝活。但没人知道究竟有多少部贤孝。一个瞎仙，穷其一生，也仅仅是在贤孝的大海里舀了一瓢。

贤孝曲目，浩如烟海，其内容更是无所不包。自春秋战国，到解放大西北，对这几千年的历史，贤孝都有相应的反映。它反映的内容和正史不一样，正史以写朝廷为主，贤孝以写老百姓生活为主。

/ 我常常能从嘣嘣的弦音中听出黄土地的呻吟和父老乡亲的挣扎，一种浓浓的情绪常使我泪流满面。/

后来我才发现，听贤孝，是我最早的艺术熏陶，它直接影响了我。要是没有贤孝的熏陶，也许就没有我的创作。

贤孝的叙事方式，和托尔斯泰作品很相似。它也是进入主人公的心灵，叙述他看到了什么，正在想什么、做什么；也以描写生活画面为主。它的风格很古朴，也很优秀，是典型的现实主义叙事方式。里面有许多民俗性和文化性的东西。它有故事，但又不仅仅是在讲故事，里面还包含了中国古代的智慧。而且，这智慧打上了典型的凉州烙印，从而影响了凉州的民俗风情和民众心态。它的丰富和价值可以和敦煌学媲美，但可惜，直到今天，仍没被世人发现。

凉州贤孝中，有许多和《红楼梦》很相似的内容。比如吃喝玩乐，描写很是细腻。这在西部文化中显得很独特。西部是粗线条的东西多，但贤孝艺术却很是细腻，包括一些男女之间的“维”朋友，甚至做一件衣服的过程描写得也特别细腻，很有艺术观赏性。在西部艺术中，我很少发现有贤孝这样细腻的。还有一些内容，我小时候听来，就感到惊奇，比如邻居之间，亲戚之间互相捣是弄非等等。贤孝居然关注这些东西？后来，它启发我写出了《大漠祭》中的一些片段。

贤孝以口传为主，没有文字记载。每一个死去的艺人带走的，也许是一部部民间历史。这是很可惜的。

出土的敦煌变文中的一些内容，就和凉州贤孝很相似，但凉州贤孝显得更完整，更通俗，更能体现一种“贤孝”精神。比如贤孝《吕祖买药》里，就有许多佛道文化的东西。故事讲的是：某年三月初三，吕洞宾和其他七仙去给王母拜寿，喝酒过量，胡传混说，惹得王母大怒，将吕洞宾贬往杭州。观音菩萨怕吕洞宾迷失本性，便化为卖药先生。二人相遇，斗嘴一番。吕洞宾有意刁难，要买四般药材，其名曰：家祸散、顺气丸、消毒饮、化气丹。观音便为他开了药方：“本分”四两、“孝顺”三钱，“老实”做个引子、“好肚肠”放上一条。然后，叫他到“心平铺”里买，到“公平秤”上称，到“容人案”上切，到“宽心锅”里炒，到“让人坑”里碾，用“三思箩儿”箩，然后，用蜂蜜团成“菩提籽”大小的药丸，全家人等，吃了此药，能保周全，百病不生。

独有的文化，铸就了独有的心灵。独有的心灵，导致了独有的命运。

凉州无呼啸大水，多沉寂土地，少激荡之活性，乏征服之欲望。所以凉州人性格少勇气而多沉稳，以忍耐安分为主。因循守旧，

人夸老实；创新求异，人骂“二球”。在群体中，一眼能认出自己者，寥寥无几。千年来，凉州多听话的众生，却无特立独行开一代风气之代表人物。

因土地肥沃，无饥馑之忧，少“生”之忧患，多“死”之安乐。凉州人有着盲目的自大，“走遍天下，凉州最好”，“出门一里，不如屋里”，“金窝银窝，不如自家土窝”，“土里刨食最可靠，别的全是瞎胡闹”，“三百六十行，庄稼人为王”。他们大都以农耕为主，安守祖土，不思进取。三亩薄田一头牛，老婆孩子热炕头。有碗“米糊糊”或面条填饱肚子，决不去干冒险之事，哪怕冒险的结果可能会当上将军，但只要有一丁点危险，凉州人决不去干。

在经商上，更可以看出凉州人的明显特点。一遇商机，他们首先想到的是赔。“万一赔了咋办？”他们认为，“出手的金子不如到手的铜”，未虑胜，先虑败，总怕打碎那一个鸡蛋的家当。表现在投资上，多试探性质，准备随时抽身，而不破釜沉舟。所以，凉州商人缺大气，多摊点而少真正的商家。你在凉州街头买东西时，会有买啥缺啥的感觉。店铺大多千篇一律，而无自己特色。不少卖衣者连衣镜都不置，他们总想凑合着过，怕投资大了，压资金多，抽身不便，赔得也多。他们的所谓经商，仅仅是把农田里的“二牛抬杆”，换成了钱货易手而已。那瓶中，装的仍是老酒。在骨子里，他们仍是揪揪掐掐算小账的农民。他们的对手，却是经过

商业文明洗礼的南方人，较量结果，可想而知。

西路军在河西大败，不仅仅败在军事上，更有文化的原因。红军战士遇到的，是一双双陌生而蒙昧的眼睛；他们的呼喊，不会有任何回应；他们的求援，只得到冷漠的回避。他们是一群得不到水的鱼。有人归之于发动群众不力，其实不然，千年文化怪圈造成的人格畸形，能以几日之发动完成人格之重塑？逼急了，他们可将头伸进悬在梁上的绳圈，但要其拍案而起，挺身而斗干革命，下辈子也不可能。不过，若有人掏了他们田里的埂子，占他一寸土地的便宜，则不惜尽倾颈中之血与你拼命。

以家庭为单位的生产方式导致了凉州人合作意识差，能抱成一团冲锋者，寥寥无几。团队意识差，难成大气候，所以，凉州历史上无雄视一方的大政治家，偶有留名青史者，多为配角，而无主帅。凉州有“人”，而无“帮派”。为政则难形成大势力，为文则勾心斗角，自相残杀，视同行为冤家。很多时候，坏你大事的，恰恰是你视为知己的朋友。忌妒之火，总能焚毁友谊。“流派”二字，与凉州无缘。

惯于过家庭生活的凉州人于是有了两个人格极端：当“媳妇”和当“婆婆”。当“媳妇”时，卑颜屈膝，低眉顺眼；一旦“十年媳妇熬成婆”后，便飞扬起来，忘了自己当“媳妇”时的艰辛了。他可能比先前的“婆婆”更像“婆婆”，其“媳妇”的艰辛程度，自然更甚于他的往日。

自然，凉州人中不乏优秀人才，他们确实能做出一些足以傲世的业绩，但最令他们头疼的，不是面对来自外部世界的厮杀，而恰恰是来自故土的中伤。在这个文化怪圈中，他们付出的，是多于外地同行数倍的力气和心血。甚至，一有机会，充当成功者的掘墓人的，往往是家乡人。

在凉州历史上那次唯一的“暴动”后，出卖组织者齐飞卿的，不是别人，而是自家堂兄弟。其原因，是因为齐飞卿家豪大富，日子过得红火，名气又大，自然成别人的眼中钉了。

笔者的小说《白虎关》中写了一件真事：凉州某乡的农民把一个曾为家乡捐资修学校的实业家的祖坟挖了，仅仅是听说这坟地的风水好，叫“金盆养鱼”，能发大财。他们可不管他是在广州发财，还是在上海发财，只要你强过他，你便是他潜在的对手。这种心态，很值得研究。

有时，凉州人也会发出感叹：“凉州人不抬承人。”只是，不抬承人的，正是感叹者。许多杰出人才，在唾星中无奈地离开了家乡。

在这个怪圈中，优秀企业家遭人骂，亏损厂长反少埋怨。即令你多么优秀，多有贡献，只要你比我强，我就要损你。

凉州人的损人方式也有独特的凉州味儿，他可以将你列入“名人”行列，只是和你同列的是无赖、疯子，或其他确实有名但又为人所不齿者。仿佛凉州人眼中盯的，仅仅是几个出头的同类；做的，也仅仅是把他骂回自己的平庸行列。

但最不该忽视的，他们却忽视了，那就是席卷而来的时代狂潮。

优秀木匠，是南方人；优秀裁缝，是南方人；优秀商人，也是南方人；仿佛一夜之间，凉州即被南方人占领。他们像扫树叶一样把凉州的钱扫回了家乡。

更可怕的是，生存的环境越来越恶化，沙暴时起，雪线上升，降雨稀少，虫害频发，地下水位急剧下降，大片树林枯死，巴丹吉林和腾格里两大沙漠正气势汹汹地逼近……五十年后，将有不少地方因缺水而无法生存。

但凉州人仍视而不见，也懒得想太多的事。都说，今朝有酒今朝醉，管他明天喝凉水。

他们仍悠哉游哉地活着。街头、公园里、树荫下，到处都有茶摊、酒场、麻将桌，人山人海，吆五喝六，夜以继日，月以继年。农村里常见的，是抱个膀子晒太阳捣闲话的人们。

偶或，有人感叹一声：唉，现在的钱难挣，干啥都不成。

引来一堆“干就（凉州方言‘就是’意，但语气更加肯定）”声。

却没人问：“既然钱那么难挣，南方人咋在凉州发了？”

没人问。因为答案明摆着：人家是南方人。

异类。

还会说："南方人真可怜，领着老婆孩子来这儿爬街台。"

善良的凉州人总是很大度的。因为土里刨食总能填饱肚子。

实在没钱了，搞"副业"挣一点。凉州人眼里，挣钱总是"副业"。

主业是什么？当然是上班或种地了。一个人种几亩地，或上几个小时班。闲暇多，无聊多，无事了，连幻想都懒得制造。或编或传，"顺口溜"满天飞。在这个怪圈里，纷飞的总是唾星。

枪打的，定然是出头鸟；先烂的，定然是出头椽子。仿佛凉州人梦寐以求的，就是把优秀人物骂回平庸的行列。当然，许多年后，他们追忆的，也往往是那些曾实实在在为家乡做过事的人。那时，他们才能感叹着给你以公正的评价。

更也许，那时对你的肯定，仅仅是为了否定另一只出头鸟儿。

一些优秀的凉州儿女，在最需要来自家乡的动力时，得到的，却往往是唾星。谁能从他们的辉煌或失败中读出血泪来？

在凉州，也许更有意思的，是凉州女人。

凉州女人悟性极高。闭塞的环境，单调的生活，激发了她们

独有的内心体悟。她们即使大字不识一个，也有一套自己的人生哲学。那些用质朴语言说出的哲理，往往与经典暗合。她们宁可卖菜摆地摊，也不愿依附权势或卖笑。触目皆见寒风中摆摊悚立的凉州女人，吆喝成一道风景。

凉州女人多痛苦，多艰辛，少空虚无聊，其人生大多有主题。当个人进取的梦想破灭之后，便主动把自己降到牺牲位置，以生命为祭品，来换取丈夫和儿子的荣耀；但最终换取的，往往是伤心。

凉州女人多梦，几乎每个女人都有一晕向往，一抹绚丽，一个五彩的梦。这梦使她们能够忍受一切艰辛。这梦是心灵唯一的慰藉，她愿为之付出一生，却又不动声色。这是真正的无私奉献。她可用粗粝掩去感情之细腻，用憔悴隐了心灵的丰满。但永不可亵渎的，却是梦想，那是支撑她在艰辛人生中挺直脊梁的标杆。一旦毁灭，人生的殿堂随之倒塌，或从此沉沦，或以死殉梦，或浑噩度世，或遁入宗教以求寄托。粗心的凉州男人是读不懂凉州女人的。雷台湖里尽神婆，居士群中多女人，此中真味，谁能解得?

若将南国佳丽比作画眉，将北方女子比作燕子，则凉州女人为杜鹃。大多年轻的凉州女子都曾是杜鹃。子规夜半犹啼血，不信爱情唤不回，一口口血，吐自裂开的心;但后来竟然是真唤不回，奈何？只好做“老母鸡”了。

不得不成为“老母鸡”的凉州女子虽也有飞翔的梦，但生活的风霜和岁月的磨砺早已令翅膀退化。偶尔，她也会振翅高翔，但很快就发现，一切，只发生在想象之中，现实仍生铁般冷硬。她的所有努力，仅仅是在安排好秩序的庭院中扇起尘灰招来唾星而已。等候她的，依旧是那方狭小的天地。她面对的，仍是千百个女子重复了无数次的一切。

终而认命。

也有不愿认命的凉州女子，其爱情大多与父母设计的人生轨迹相悖，冲突随之产生。皮肉之苦免不了，更免不了的却是父母要她支付的养育费。这显然是一个骇人的理由和数字。这时，女儿仅仅是父母饲养待售的动物，父母则成了变相的人贩子。许多地方，买卖已成婚姻实质。于是，这个百年前即为西方人取笑的事实，在凉州却司空见惯，成为习俗了。

这时，拯救爱的唯一途径仿佛就是私奔了。但这，更是布满荆棘的路。子君的悲剧屡屡上演，更多的是无奈地堕落或灰溜溜归来，女子的命运大多因之而定了。“扫帚星”是人们常为这类女子准备的雅号。但这扫帚却扫不尽搅天的唾星。她最大的价值，就是作为人们茶余饭后的谈资。此外，便是充当反面教材了。

终而认命。

认命的凉州女人不得不走向另一个极端，变为一只人格意义上的“老母鸡”。“窝”便成为她人生的舞台。实用主义渐趋上风，浪漫情怀随之减少，反映在凉州民歌上，便是情的色彩少，欲的成分多。凉州民歌中少《走西口》之类的缠绵之情，多《割韭菜》之类的肉欲之欢。闲暇时，人们津津乐道的，也恰恰是后者。

在爱情的浪漫与实惠上，凉州人倾向于后者。娶嫁婚事的第一步是看“家道”，而非相人。许多感情纠葛最能让人接受的方式，便是赔偿财物。索者理直气壮，给者理所应当。父母为财物硬生生拆散情侣却毫不内疚，女子竟也因经济的满足而消解了感情的痛苦。

一切，实惠得可怕。

凉州人的婚事，分为三个阶段：订婚、送婚和娶亲。订婚时，男方先付订金，性质等同于商场的订货。其数目，大致为几千元。若女方反悔，就退婚，返还订金；若男方反悔，订金是分文不退的。第二步是送婚，双方商定彩礼数目，男方一次“结账”，不得拖欠；而后，才是择吉日娶亲。同时，自订婚之日起，男方就得承担女方的日常费用，像冬衣钱、夏衣钱、零花钱等等；娶亲时，男方还得支付压轿钱、压箱钱……不一而足。

看得出，这婚姻之路，完全是钱铺成的。女人遂成为被买来的货物，所谓“娶来的媳妇买来的驴，任我打来任我骑”。娘家人也会说“嫁出去的姑娘，泼出去的水”，再也不去干预男方家事。

至此，那女子便死心塌地了。今生，她生为夫家的人，死为夫家的鬼。患难与共，是她们最让人称道的美德。她们能义无反顾地泼一腔热血，与你同生死，与你共歌哭。因贫弃家、因病离婚、因灾分离者永遭唾弃。

有时，当巨大的人生灾难降临时，她们会绽放出叫人难以想象的生命能量。她们可以号哭，但更多的是向隅自泣。泪珠一经抹去，她们便是世上最坚强的人类，是真正“敢于直面惨淡的人生”的。她们可殉情而死，但不会在严酷的生活面前畏首，她们能在异常恶劣的人生困境中，为自己尽可能多地营造温馨，进而孕育出理想并为之奋斗。

苦难，压不垮凉州女人。

遗憾的是，无暇浪漫了。“浪漫”字眼已遥远而奢侈。即令许多显性的浪漫，也必然带有隐性的实惠。纯粹的浪漫已等同于幼稚。有时，她们也会光彩照人地浪漫几次，但终于疲惫而麻木了。多数时辰，她们甚至懒得梳理羽毛。在一束浪漫的玫瑰花和一双普通的鞋袜之间，她们无疑会选择后者。

她们也会在凭吊逝去的青春时渴望爱情，更珍惜的却是家庭的稳定。为了孩子，她宁愿把感情活埋。北方女人应有的奔放热烈，为爱情不顾一切的特性，在凉州女人身上少见。有偶现者，即被视为“狐狸精”。千妇所指，唾星搅天，纵然借得西江水，也难洗来清白名。其余生，定然凝固在道德法庭的被告席上了。

观者自然悚栗。一朝见蜂反，十年怕嗡嗡。这时，压在理性水中的感情皮球再也不敢弹出。她们所做的，只能是长叹一声，干咽唾沫，低眉垂首，念叨“为了孩子”，靠艰苦之劳作压息翻腾的爱欲。

这时，能拯救她们的，也许只有“神”了。于是，一个叫“神婆”的群体随之产生。笔者在《大漠祭》中，塑造了一个神婆，很能代表凉州神婆。其特点是：风流多情、爱情受挫、患病“磨神”多年、举止神异、交际很广、生活富足等。

在生铁般的现实面前，凉州女人已无权浪漫，神婆却可以例外。

她们大多口齿伶俐，会唱歌，会跳舞，极有情趣。她们是一群游离于当地妇女圈之外的女性。女人天性中固有的东西，在她们身上体现得最为淋漓。

因为她们的心里，有一个“神”。她们恋“神”，爱“神”，与“神”合二为一。用她们的行话说，“神”入了她们的窍。

沈从文在《凤凰》中也有相应描写：“……料不到女儿因在人间无可爱悦，却爱上了神，在人神恋与自我恋情中消耗其如花生命”，“她在恋爱之中，含笑死去”。

与沈从文描写的苗女不同的是，凉州神婆在与“神”的相恋之中，幸福地活着。

笔者常与神婆交谈，一开口，我便能把她与“神”在梦中的交往说出。每每令她们目瞪口呆，把我也视为“神汉”了。因为她们的梦，多带桃色，总是羞于出口，外人自然少知。她们就是在梦中，才能从“神”那儿，得到平日在丈夫那儿得不到的许多东西，比如爱悦和性的满足。

有一男子，曾给我谈过他妻子“出神”时的奇异。他惊诧地告诉我，“神”竟然还与他的妻子过夫妻生活，“神”给予他妻子的酣畅，常令他惊奇不已。他妻子坦白地说，就是从与“神”的交往上，她才明白了女人竟然还有那种“晕”。我告诉他，那“晕”，叫“性高潮”。这个词儿，更令那汉子目瞪口呆。他说当男人一

辈子了，还不知道女人也有这个。

在凉州，这绝不是个别现象。

相较于一般的凉州女人，能与“神”有感情交往和性交往的神婆无疑是幸福的。

有了“神”后，女人的苦日子才算熬出了头。

因为有了“神”，丈夫不敢再老拳相向。因为有了“神”，她自然可以走南闯北，不受束缚。想唱了，她们大声地唱；想跳了，她们尽情地跳。名气很大的神婆，不仅在当地红，常有来自外地的小车前来求神问卜，或接送她前往异地他乡行事。

这时，惯于靠老拳在女人身上显示权威的男人便再也奈何不了她了。

至此，这些凉州女人才算过上了“好”生活，无论在物质上，还是在精神上，她们都是当地最富有的一群。

喜耶？悲耶？

遗憾的是，神并不光顾每一个女人。大部分女人终究是凡人，她们不得不面对尘土，面对猪屎，面对自己必须面对的一切。

凭了她们与生俱来的聪慧和坚韧，在历史文化和生存诗意的夹缝里，她们终于活出了属于自己的一段风景：粗豪时，她能在大街上吼出一连串脏话而面不改色，可推着小车亮出搅天的叫卖，可一任风沙涂抹满面的尘沙——但你不可因之而忽视其细腻——

/ 这梦是心灵唯一的慰藉，她愿为之付出一生，却又不动声色。/

她也许因一句体己话而感动一世，也许因一件小礼物而幸福许久，她能从你紧锁的眉间窥出心事，她能因你轻微的叹息未雨绸缪；大气时，能将生命和爱情一次性抛掷而不图回报，但又小气得为针头线脑唠叨许久；大胆时扬言要与你私奔，谨慎时接一张名片也要掂量再三……

现实的刀剪，无情地绞去了她们脸上的红颜，也绞去了与生俱来的女儿性。但绞不去的，是大自然赋予她们的母性。她们几乎个个都是伟大的母亲。千百年来，凉州的母亲们掐碎了浪漫，怀揣着梦想，硬是在黄沙掩映的古道上走出了一段历史。

一言难尽的凉州，一言难尽的凉州女人……

凉州贤孝与大手印文化

1 / 西部的“蜂窝文化”

西部文化是中国文化的重要组成部分，它的人民立场、苦难意识、精神品格、宗教智慧、利众精神、当下超越、终极关怀等诸多方面对当代文学都有着非常重要的启迪。文学式微的真正原因何在？我们的文学将走向何处？文学应该有着什么样的精神品格？对此诸多问题，西部文化都给了我们相应的启迪。

西部文化则重“道”而轻“术”。它是一种和平文化，它有着极强的包容性。几乎任何外来文化都能与当地文化相安无事，虽曾有过几次宗教冲突，但总的来说，各民族、各宗教总能相安无事地共存于一方水土之间，几乎西部的所有地方，都是这样。多种文化的交汇和相融，使它有着跟东部文化截然不同的独特魅力，它像太阳光一样，能随缘呈现出多种色彩。佛教、道教、巫术、萨满教、伊斯兰教、儒学、原始宗教、基督教等所有能被称为宗教文化的东西，一旦进入西部，就可能会背离其本有的原始的纯粹的特征，跟当地其他文化相融杂交，变成一种异化的文化现象。

但同时，西部文化又有着极强的封闭性。其封闭性使它很难为外界所同化。西部的地域文化完全跟别处不一样。几乎每一个省、每个县市甚至每个乡镇都有明显的特色，各呈异彩，绝不雷同，如西藏文化、敦煌文化、青海文化、新疆文化等，它们的差异性非常大，从形式内容，到精神品格，都仿佛是另外一种文化。而且，这类文化的寿命至少在几千年以上。我们都听过一句俗语："十里不同天。"西部文化确实如此。即使在同一个省中，也有许多差别很大的文化，如甘肃就有敦煌文化、凉州文化、甘南文化、天水文化、陇东文化等；大文化圈中有小文化圈，小文化圈中有更小的文化圈。同是在一个县和一个乡中，仍有许多以村舍为主的小文化圈。有时，相距不过几里和几十里，但民俗风情、民众心态甚至方言口音，都分明又是另一个世界。西部文化就是由许多这样的大文化圈和小文化圈构成，环环相扣，构成了十分复杂的迷宫一样的格局。这使学者们很难用几句话来概括，所以，我曾开玩笑以“蜂窝文化”名之。

2 凉州贤孝和大手印文化

正因为西部文化很复杂，要想在一篇文章里来介绍西部文化显然很困难。好在西部文化又有两种超越了小地域的文化种类，它便是西部民歌和大手印文化。它们虽然很小，甚至不一定被人关注，但它们却像露珠一样，折射出了整个西部文化。它们承载了西部文化的全息。

西部民歌和大手印文化分别代表了西部文化的两个重要方面：当下关怀和终极超越。简而言之，西部民歌重感性，大手印文化重理性；西部民歌包罗万象，大手印文化直指心灵；西部民歌是大海中的浪花，大手印文化是大海上的天空——不过，海中有天，天下有海，落霞与孤鹜齐飞，秋水共长天一色；西部民歌是百姓的歌谣，大手印文化是智者的微笑；西部民歌是灵魂的流淌，大手印文化是灵魂的重铸；西部民歌以大美承载大善，大手印文化是大善体现大美；西部民歌以鲜明的地域色彩赢得世界，大手印文化则以恒久的普世性滋养世界。二者相得益彰，互为体用，代表了西部文化的博大和精深。

西部民歌对我的滋养，重点反映在《大漠祭》《猎原》和《白虎关》中。在《西夏咒》《西夏的苍狼》和《无死的金刚心》中，则明显可以看出大手印文化对我的影响。

因为西部民歌中的其他种类有很多研究者，大家也比较熟悉，我在这里就不多讲了，我重点讲已经濒临失传和灭绝的一种民歌形式——凉州贤孝。

贤孝是中国非物质文化遗产。它是流传于西部的一种弹唱艺术，大多由盲艺人抱个三弦子，边弹边唱，其形式，有点像苏州评弹，但无论其内容和曲调，都自成一家。有时，也有多人弹唱贤孝中的片段，当地人叫“杂调”。那盲艺人被当地人称为“瞎仙”，或是“瞎贤”，前者夸其能为，后者敬其德行。

过去的凉州乡下，几乎所有的农闲时都要听贤孝，尤其在冬天和过年的时候。那时候，一个曲目可以唱十多个昼夜。现在，凉州街头唱的那些并不是正宗的贤孝，而是小曲，或是贤孝中某个片段，现在唱整本贤孝的很少，因为现代人没有那么多时间去听整本贤孝了。所以，贤孝跟文学一样，其衰亡是必然的。随着网络和电视的进入家庭，一些历史的东西必然会被淘汰。但是，作为一种文化活化石，贤孝的价值并不会因此而削弱。

贤孝文化代表了西部文化包罗万象的入世智慧，而大手印文化则完成了西部文化的超越。这里的超越，指它超越了形而下的层面，上升到一种形而上的精神高度。一些凉州贤孝中，同样包含了大手印文化的内容，最典型的是《吕祖买药》，它借用八仙之一吕洞宾的故事，讲了一种超越的智慧。

凉州贤孝倡导的“贤”和“孝”，便是大手印文化的重要基石。而凉州贤孝追求的终极目的，也正是大手印文化提倡的精神。凉州贤孝是金字塔的塔基，大手印文化则是其塔顶，它们共同承载了中国西部文化的全息。

大手印文化是印度文明和中国文明结合的产物，它的本义是“大象征”“大印鉴”或“大符号”。它是关于心灵和心性修养的一种文化，它的目的是：认知和训练人的主体性，追求心灵无条件的自由和自主，实现终极超越和终极关怀。它认为，人类的心灵和心性高于一切，它反对神格化的宗教，它破除迷信，超越名相和分别心。它告诉我们，无论是宗教的教派名相，还是诸多的二元对立，都是应该从心里扫除的东西。大手印涵盖了那些对人类心灵有益的超越智慧。它代表了人类文化中最优秀的部分，它是救心之方，是安心之法，是铸心之术。

对“大手印”，我进行过与时俱进的阐释：“大”，代表大胸怀、大境界、大悲悯；“手”，象征注重行为，贡献社会；“印”，象征明空智慧，终极关怀。

“大手印”三字，代表了人类智慧中出世与入世及所有心物现象。“大”为根，“手”为道，“印”为果。三者缺一不可：没有

“大”的境界，单纯的明空之“印”只能自了，难生大力；没有“手”的入世利众行为，“印”便易成“狂慧”，“大”的胸怀更会流于空谈，无以体现；而没有“印”之明空智慧，“大”和“手”便成为世间之法，难以究竟。

“大”和“印”只有体现在“手”的行为上，才有意义。没有利众行为的“大手印”，不是真正的“大手印”。

我曾用生造的一个词来诠释大手印文化：大善铸心。

下面，我简单谈谈凉州贤孝和大手印文化的几个特点。我个人认为，它渗透了我所向往的文学精神。

3 人民立场与百姓艺术

现在，提到“人民”这个词，许多人会觉得很可笑。其实，真正可笑的，是被异化了的“人民”，而真正的人民，永远是值得敬畏的。当一个作家对真正的人民感到可笑时，只能说明他已经堕落。

索尔·贝娄说，孤立的职业作风就等于死亡。我们有许多职业写作者，根本不了解底层人生活和真实状况是什么样子。如果没有老百姓，小说家就只能是一种古玩，就会感到自己正处在玻璃盒里，正沿着通向未来的某个阴郁暗淡的博物馆走廊缓缓行进，就会走到一个封闭的毫无希望的地方。

当代文学的边缘化除受到现代媒体的挤压外，还因为文学丧失了人民性。有本叫《艺术的未来》的书中写道：“当艺术家为艺术而艺术的时候，他们是鄙视公众的。反过来，公众则以忽视这些艺术家的存在对之进行了报复。由此造成的真空便由江湖骗子似的冒牌艺术家做了填充。”

凉州贤孝是典型的人民艺术，或可以称之为“百姓艺术”，无论它的内容、形式，还是立场、精神，都是跟老百姓的命运血肉相连的。它记录的，就是当地老百姓千年来的生活、苦难、梦想和追求。

当我真正地爱上俄罗斯文学之后，我大吃一惊，我发现，凉州贤孝的内容和精神，竟然跟俄罗斯文学很是神似。它渗透的，也是一种博大的宗教精神；它关注的，也大多是小人物的命运，有许多内容，跟《战争与和平》《安娜·卡列尼娜》很相似，描写很是细腻。这在粗线条较多的西部文化中显得很独特。

敦煌变文中的一些内容，也和凉州贤孝很相似，但凉州贤孝显得更完整。它有许多佛道文化的东西，但它又不是大一统的那种佛道文化，而是带着凉州色彩的佛道文化，是凉州独有的佛道文化，是被凉州人用凉州思维解释的佛道文化。

凉州贤孝极具地方特色，它浩如烟海，每个曲目仅仅是大海中的一朵浪花，没有一个艺人能完整地演唱贤孝。它像花儿一样，内容

非常丰富，从春秋战国，到现代的解放大西北，贤孝都有相应反映。好多人认为汉族人没有史诗，贤孝在某种意义上来说就是我们汉民族的史诗。但贤孝和正史有着本质的差别，比如，贤孝里艺人唱出的解放大西北，绝不是历史书中的解放大西北。书本上的解放大西北，只是一个个的事件。贤孝中的解放大西北，是老百姓眼中的解放大西北，是他们对解放大西北的看法、理解和感受，其中渗透了许多民间文化、民众心态和民间思维，它非常接近于心灵的真实。又比如《白兔记》，正史上写五代皇帝柳致远的事，凉州贤孝却写他的妻子李三娘的故事，写她如何艰难地活着。这种内容一些杂曲也有，但是，凉州贤孝的反映角度和思维方式很独特。它多写日常琐事和生活场景，我的小说《大漠祭》《猎原》和《白虎关》也写的是日常生活，这种日常生活往往能反映出非常真实的历史本来面目。贤孝讲的虽是历史故事，但其中人物的生存方式却可能是几百几千年前凉州人的活法。贤孝很少有文字书籍，多是师徒间口传心授，代代相传，其内容无疑有文化化石的成分，这是贤孝里最有价值的东西。

我曾在《我的文学之“悟”》中写道：“根据经验，我们不能信任一些所谓历史，它常常被强权涂抹得十分可疑”，“文学的真正价值，就是忠实地记录一代人的生活，告诉当代，告诉世界，甚至告诉历史，在某个历史时期，有一代人曾这样活着。托尔斯泰之所以伟大，就在于他忠实记录了一个时期的俄罗斯人如何活着”。

凉州贤孝是一种入世的文化，大手印文化则是一种超越的文化，它更强调人民性。它强调，所有的人类甚至生物都是平等的。它认为，每个人都有超越的可能性。人只要不追忆过去，不牵挂未来，只安住于当下，抓住当下，不要为世界上的花花绿绿所诱惑，那么，你就会真正实现人的主体性，实现真正的超越，得到真正的清凉。

大手印文化认为，自由和主体性是人类本有的一种智慧。它本自俱足，不假外求。人的心灵世界和外部世界，是两个各自独立的世界，在智者眼中，它们像互相尊重主权、互不干涉内政的两个国家，它们可以实现对话，但不可以侵略对方。也只有自己的心灵实现了独立、不为外物所惑的时候，自由才可能产生。

作家的创作自由亦然。我曾在《文学朝圣和灵魂滋养》中说："当世上所有的规矩、外现、存在，只能成为创作主体的养分，而不是成为枷锁和镣铐的时候，也即所有的外现不能干预创作者的心灵时，自由才可能产生。自由是心灵独立后的产物，是'了无牵挂'后的本真显现。当然，那'了无'的，是作家心中的贪婪、仇恨和物欲。"

大手印文化承载着复旦大学陈思和教授所倡导的人文精神，它反对迷信，强调人的主体性，认为任何人只要自省、自律、自强，都能实现终极的超越。

一个作家，不仅仅要入世，还要出世。不入世则成无源之水，不出世则易为庸碌同化，不能实现真正的超越。

4 寂寞的传承者

贤孝作为一种文化，它保留了非常鲜活的历史文化的东西。因为中国的正史很可疑，它只是几个史官写的，里面有好多被篡改了的、扭曲了的东西。而贤孝是老百姓一代代用心灵传播的史诗。这种史诗，可能最真实地反映了历史的本来面目。

贤孝是中国民间隐文化的载体。文化有两种，一种是显文化，就是显露出来的、大家都能看到的、用书籍等形式表现出来的文化；另一种是隐文化，它更多地在民间，它能更好地体现文化的本来面目。因为，显文化可能因为一些学者的思想局限，其好恶影响了其取舍，文化信息可能会因此受到损失。但渗透于民间的隐文化则不然，它可能最真实地反映出历史文化的全息。前面我说过，凉州文化是一种全息文化，中国文化的几乎所有信息，都在凉州文化中有所反映。凉州文化的重要载体就是贤孝，从贤孝中可能反映出西部民间文化，甚至中国民间文化的许多本真的东西，因此，研究凉州贤孝有着非常重要的意义。另外，现在日本和西方学者对敦煌学研究得比较多，但对贤孝几乎没有人关注和研究。在我写《凉州和凉州人》之前，外面的人很少知道贤孝。后来，我利用一切机会呼吁，

希望能引起对贤孝的重视。现在，知道贤孝的人渐渐多了。

据可靠的历史资料记载，明朝初年，朱元璋当皇帝时，贤孝就已盛行于当地，为那时的老百姓提供着文化和精神滋养。没有人知道它源于何时，据我掌握的资料，唐朝时，至少就有了它的雏形。后来名扬天下的敦煌学中，有许多内容就跟贤孝很相似。贤孝中的好多曲目，在出土的敦煌典籍中都有相应的内容，比如那个很有名的《吕祖买药》，其内容，就在出土的敦煌残卷中有相应反映。所以，我在十年前就提出：凉州文化是敦煌学的重要组成部分和来源。后来，方步和等学者也提出："河西文化是敦煌学的摇篮。"凉州是河西之重镇，在历史上很长一段时间里，河西及大半个甘肃，都属凉州管辖。在佛教、建筑等诸多面，凉州所起的作用甚至是划时代的。陈寅恪的《隋唐制度渊源论稿》中就谈到，过去北京城的都城格局，其最初的源头就是凉州城。至于佛教，更是从凉州传向中原的。因为凉州是丝绸之路重镇，好多文化自西而来，就是在凉州完成扩散前的准备的。如鸠摩罗什就在凉州住了十七年，完成了对汉文化的了解，精通了汉语后，才移至西安开始译经的。

贤孝大多没有文本。这是凉州贤孝的另一个特点。有些故事可能在历史上有记载，也可能有话本。我就看到过《白兔记》的文本，但这类文本和贤孝文本不是一回事，无论其内容还是形式都是两个东西。同一个贤孝，不同的艺人有不同的唱法，除了关口人名外，其余内容多是艺人的师承和创作。不过，这种创作，不是一个人的创作，更包含了从几代贤孝老师那儿继承下来的许多东西。大多时候，一个贤孝是几代人、几十代人的创作，每代艺人都付出心血，不断完善，补充新的养分，这样，每个贤孝，就有了相当的文化含金量。

可以说，贤孝已成为一块文化活化石，随着当代媒体日新月异的发展，这种文化活化石会越来越显示出它存在的价值。现在仍有人在凉州文化广场以唱贤孝和小曲为生。文化和动物一样，只要有一个活种存在，也即只要有一种作为它种类全息的载体，它就不能算灭绝或消亡。

凉州贤孝是百科全书似的文化活化石，它包括文学、哲学、历史、宗教、民俗、社会学、语言学，还有建筑园林等，它的曲目多如繁星，它的内容渗透了一种佛道精神、民俗风情、民众文化、民众心态等，要是你想研究凉州人，你就去研究贤孝。凉州人的群体意识和集体无意识，就在贤孝中有所反映。

老有人问我，贤孝这样一个文化瑰宝，其载体为什么竟是盲艺人？我就告诉他们，任何时代都有诱惑。不同的时代有不同的诱惑，五色会令目盲，五音会令耳聋，外现的浮躁总在影响着心灵的宁静，使智慧蒙上愚痴的污垢，而盲人因为目不能视，干扰不大，反倒更能接近一种本真。他们的心灵中更容易积淀一种智慧的东西，更能

感悟一些常人感悟不到的东西。这种智慧经过一代代的积淀，几百年后，贤孝就会异常地博大和丰富。

盲艺人视贤孝如生命，贤孝已成为他们的生存依托，而师徒间口耳相传的方式又尽可能地保持了文化传承，所以说盲艺人成就了贤孝。贤孝艺术正是依托盲艺人这个载体，才穿越几百年的历史迷雾，走到了今天。

我曾在《凉州和凉州人》中写到，盲艺人多是当地公认的智者，他们大多见多识广，通晓古今。我的《大漠祭》在全国引起反响后，在我的家乡知道得最早、最详细的是瞎贤，他们向家乡传递着我的所有讯息。他们老听广播，无所不知，他们连美国总统的大小绯闻都了如指掌。最令人吃惊的是，他们竟然知道黄道黑道、时辰吉凶、喜神在何方。要知道，他们是从来不看日历的，他们只在自家掌上掐捏一番，其结果，就跟日历几乎一样。许多时候，他们竟然能发现日历上的错误，且说出一番很充足的道理，能使我也肯定他们的正确。

在当代，盲艺人可以利用较为先进的方式获取信息资源。在过去的耕牧时代，瞎贤家多是当地的文化中心。因为瞎贤会说古论今，村人串门多爱到瞎贤家。村里人在获取了文化资源的同时，也给瞎贤提供了许多信息，而瞎贤们又经常聚会，互通有无。在一次次唱贤孝的集会上，瞎贤既是文化传播者，又是文化资源的吸收者，所以他们大多博古通今，心灵很是开放。

我说过，凉州文化是我取之不尽的创作营养。正因为拥有了这样一个文化宝库，我才显得很自信。我不管这个世界去说些什么，只是很自信地写。我想，只要我洗去灵魂上的污垢，摒弃小我，用充满爱的笔墨把这一宝库展现在世人面前，成功也许是必然的。

所以，当作家真正拥有了他的家乡，并成为一种文化代言人的时候，他就能相应地拥有一个丰富的心灵世界。而这个心灵世界，是可以和外部世界平等对话的。内外两个世界，具有同等的价值。

我的小说《大漠祭》《猎原》《白虎关》跟凉州贤孝一样，也是一如既往地关注人的生存，更关注影响凉州人生存的文化土壤。特殊的文化土壤，孕育了特殊的灵魂。写出一个时代独有的灵魂，是作家的责任。因为，目前凉州人的这种生存状况，不会延续太久。很快，它就会成为历史。用文字把它们保存下来，作为一种历史的记载，是一个作家不可推卸的责任。

凉州贤孝的命运跟文学很相似，文学兴盛时，贤孝也很兴盛。文学边缘化时，贤孝也边缘化了。电视兴起时，贤孝受到冲击，处于衰微状态，但这些年又有些反弹，在凉州市场等地找到了自己的位置。一些农村集市上也有一些艺人在固定聚会，演一些曲目。这也许是一种怀旧，也许是一种文化的回光返照，更可能是文化活化石的被展览。

非常遗憾的是，这种艺术至今没被人发掘。一批批去世的民间老艺人带去的，可能是一部部的民间历史。

一如凉州贤孝的注重传承一样，大手印文化也强调传承。大家都知道禅宗的许多故事，如达摩传二祖，再一代代传三祖、四祖、五祖、六祖一样，大手印文化同样有着非常清晰的传承，一代传一代。传承者是谁，生于何时、死于何时，都有清晰的记载，其纯度像黄金一样。这是中国传统文化中最珍贵的地方。

大手印文化既是世界观，又是方法论，更是一种生活方式。它源于印度文化，其源头是金刚持，后形成多种流派，荟萃大成于谛诺巴和奶格玛等瑜伽文化大师，后经两种渠道传入中国。它在中国的传承主要有两条路线：在藏地，由玛尔巴大师和琼波浪觉大师从印度传承而来，先弘传于雪域大地，后传至汉地，广大开来，笔者亦为该文化传承之重要一环；在汉地，由鸠摩罗什等大师沿丝绸之路传至汉地，笔者同样成为该文化的传承者。这两种传承文化后来相互渗透，相互影响，进而影响了中国本土文化，并与中国文化相得益彰，更加辉煌。在西部的标志性文化“敦煌学”中，就渗透了大手印文化的超越精神。此外，凉州贤孝、香巴噶举文化、藏戏等，均得益于大手印文化的滋养。

文化的传承如火炬的传递，一代代的智慧之火，通过其载体传承了下来，代代相传，不曾熄灭。我的《光明大手印：实修心髓》

中就专门谈到了我所传承的大手印文化，其脉络非常清晰，历时千年，堪称人类文明的奇观。

大手印文化的传承方式跟凉州贤孝一样，注重口传心授，但也重视文化。它们的载体最主要的是人，其次便是文化。在凉州贤孝、各类道歌、宗教礼仪、文化著述等诸多形式中，都可以看到大手印文化的精髓，它是文化的魂魄。

虽然时代如演戏般更替，历史也频繁地翻动页码，但大手印传承者却默默地实践着自己向往的真理。他们的声音听起来很微弱，许多时候，甚至被喧嚣的时代噪音所淹没。在光阴如流水、众生如过客的数百年间，没人关注他们，很少有人向他们顶礼膜拜，甚至许多文化史家也忽略了他们。岁月的尘风自可以呼啸而过，却吹不熄他们心中的信念之火。他们在充满喧嚣的都市，在荒寂无人的山洞，在被强权挤压的缝隙，在被专政斥呵的当年，在充满巨大静寂的峡谷，守候着自己心灵的觉悟之光。尘垢在安详里洗净，灵魂在戒定里升华，生命在智慧里灿烂。没有汗牛充栋的理论，没有喧哗人天的宣言，没有辉煌，没有权势，没有奢华，只有一份宁静和守候。到后来，他们连最后的一份执著也破除了，只享受纯净的清凉之乐。

大手印文化最早于东晋时传入凉州，其代表人物是鸠摩罗什大师，他居我国“佛经四大翻译家”之首，从许多方面影响了中国文化。鸠摩罗什在凉州定居十七年，完成了对中国文化的了解，精通了汉

语，为未来的译经事业，打下了坚实的基础。他在教授弟子们禅定时，就曾这样讲授大手印文化的无相观——

禅定之功德或妙用，并非由执取妄相所能得，须以无上智慧来观照事理，破诸迷惑，始可显发。罗什云：观时不取相，（故）无缘。亦深入观时，莫见其所缘也。

以正慧观照事理时，不执著幻象，故对外物并无攀缘。即使深入观照之际，亦未见其所以攀缘。此即入观之时，心中无执，了无挂碍。罗什云：当其入观，则心顺法相，及其出定，则情随事转。

一切世谛，有为无为，通名“法相”，法相即事物之相状、性质、名词、概念及其含义。有时又与“真如”“实相”“法性”同义。此言入于观照之中，则随顺“法相”，如如不动，及至出定之后，则“情随事转”，应化无方。

除鸠摩罗什大师之外，还有许多高僧和大师均对大手印文化在凉州的传播做出过贡献。如心道法师，他曾从师于九世班禅、太虚等大师，创立了盛行于中国西部的法幢宗，提出“破邪显正，显密并弘，禅净双修”，其著述和文字渗透的，便是大手印文化的精神。至今，法幢宗仍在西部文化中占有重要的位置，传承学者数以百计，更成为西部文化界的中坚力量。笔者也于二十余岁时得其沐养，成为法幢宗传人之一。凉州松涛寺住持吴乃旦，也是大手印文化在凉州的重要传承者。他于其师、著名高僧释达吉大师处得到香巴噶举文化之法脉，其精髓便是大手印文化。笔者于十九岁起依止吴乃旦，前后近二十余年，得其精要。此外，笔者还从香巴噶举其他大师处得到大手印文化传承，百川入海，遂有“光明大手印”系列等书。

除了历史上隐约可见的一些记载之外，凉州贤孝和大手印文化的传承更像一条地下河流，表面虽不显波浪，那水流，却依旧挟带强劲的生命力涌动了千年，成为中华文明的有益养分之一。

西部文化之所以有如此大的厚度和魅力，跟以凉州贤孝和大手印文化为代表的诸多文化不无关系。这些通俗文化和精英文化散发出的智慧之光，熏染了一代又一代的西部人，影响了西部人的文化心态和人生哲学，才使西部诞生了像敦煌学、敦煌壁画这样伟大的文化和艺术。同样，也正是因为以敦煌壁画为代表的西部艺术传承并承载了凉州贤孝和大手印文化的利众精神，它们才以其独有的博大精深的人文精神赢得了世界。

5 苦难与超越

我很小的时候，就能大段大段地吼唱贤孝内容。贤孝对我的影响已融入了血液。写作时，我耳边常响着贤孝的旋律，我总能从中读出灵魂的苦苦挣扎。那种苍凉和悠远里蕴含的智慧，更成为我幼年最好的灵魂养分。

从严格意义上说，凉州贤孝是一部百姓的苦难史，从春秋战国到当代，百姓的所有苦难，贤孝都有记载，大至天下大事，小到邻居纠纷，无不包容。贤孝音乐中，最感人的是泪音，每当瞎仙们用泪音叙述主人公的苦难历程时，会有一屋子的人掉泪。

贤孝中最值得称道的不仅是对苦难的叙写，更因为它对苦难有种大悲悯的情怀，其形其神，与大手印文化提倡的“无缘大慈”“同体大悲”不谋而合。

贤孝的曲调有好多种，有些曲调很悲壮，当我沉浸其中时，我能感受到里面有一种特别沉的东西，涌动着一种力量。贤孝给我的创作带来了很多有益的东西，如果没有贤孝，就没有我的创作。当我走向外面走向全国时，好多人觉得我的作品有种特别厚实的东西，这种厚实的东西其中就有贤孝的营养，当然，还有其他营养，如俄罗斯文化。贤孝是凉州很重要的组成部分，它和历史典籍、宝卷、凉州民歌及民风民俗等诸多内容，构成了凉州文化的主体。

当代文学最缺的，恰恰是一种对苦难的悲悯。正如有人说的：我们这个时代是非常商业化的，物质倾向占主导地位，追求金钱，追求享乐，追求权力，是一个很冷漠的时代，对于忧伤和悲悯这份感情越来越陌生，很麻木。我们的情感很麻木，见到许多很悲伤的情景我们都视为很正常，不会有很大的波动。

我们常常看到一些作家用欣赏和赞赏的语调写那些杀人的所谓英雄，更不乏讴歌罪恶者。当作家们失去了人类的那种悲悯情怀时，文学的堕落便成了必然。

相较于凉州贤孝对苦难的悲悯和描绘，大手印文化则实现了一种超越。大手印文化认为，对于大手印文化的实践者来说，整个世界都是他们调心的道具，无论苦难，还是顺缘，都是为了调炼心性，都是为了完善人格，都是为了完善人的主体性。当你面对各种苦难时，你是不是仍然能够保持你做人的尊严？能否继续完善你的人格，能否将各种苦难看成你人生最好的滋养，来实现你最终的超越？大手印文化认为，烦恼即菩提，逆缘即顺缘。

人格真正地完善之后，就会超越善恶、苦乐、利害、恩仇等诸多的二元对立，得到真正的自由。所谓真正的自由，便是没有任何外部附加条件的自由，不依靠金钱，不依靠权力，不依靠物质，不

依赖心外的某种条件而独立存在。它是破除了许多执著之后，心灵本有光明的显发。

6 民族的精气

老百姓之所以喜欢贤孝，原因有两种：一是他们喜欢贤孝讲述的那种通俗易懂引人入胜的故事，二是认可贤孝所宣扬的利众精神——包括大手印思想。贤孝的内容多以教诲为主，讲究为人要贤，为子要孝，讲究道德说教。贤孝承载了中国传统文化中许多优秀的东西，比如教人向善的智慧，而这种智慧，是许多教科书所不能代替的。因为它的内容、演唱方式，以及许多事例和故事都是老百姓喜闻乐见的，它的许多东西是能渗入灵魂的。现在，与其说老百姓喜欢贤孝，不如说这个时代需要呼唤一种道德意识，需要一种高贵的东西。一个孩子听贤孝时，他的父母会非常高兴。因为，贤孝会告诉他如何做人，只要他一直听贤孝，并身体力行，长大一定会成为好人。贤孝所有的内容都是劝人为善，都有一定的教化作用，它把大手印文化用一种老百姓喜闻乐见的方式，渗入人的灵魂。

在大手印文化中，贡献社会的“贤”和孝敬父母的“孝”是其基石，没有它，就根本谈不到大手印。因为大手印的“手”，便是为人要贤，为子要孝，注重行为，贡献社会。

最能体现大手印文化精神的代表人物，是藏戏的创始人唐东嘉波。

在世界戏剧舞台上占据了独特地位的中国藏戏，不是由专家文豪创造出来，而是源于大手印实践者，这种现象，值得深思。这至少说明了一个道理，只有利众智慧的大水，才能撑起艺术的大舟。托尔斯泰的不朽，也印证了这一点。

笔者也是唐东嘉波一袭大手印文化的传承者。笔者对大手印文化与时俱进的阐述，以及诸多贡献于社会的行为，便是承继了唐东嘉波的精神。复旦大学文学院副院长、中文系主任，著名评论家陈思和教授说，“西部文学是中国当代文学的灵魂。”他在读《白虎关》时，首先想到了萧红的《生死场》。他说，在现代化进程中，我们已经忘了自身的民族精气，“雪漠捡起来的，正是萧红的精神，也即对民族精神的探讨”。

我想，萧红精神，又何尝不是唐东嘉波精神？

7 存在的理由

因为凉州贤孝和大手印文化思想融入了我的血液，所以我很小的时候就发现了生命的易逝和世界的无常。于是从懂事起，我就寻找生命的意义。我曾在小说集《狼祸》的“序”中谈到了这一点。从中大家可以看出，我从少年时代起寻找的，不仅是写作的意义，更是生命的意义。

我常说，真正的作家应该在喧闹之中寻找一份清凉，在迷醉之中保持一份清醒，在庸碌之中体现一种高贵，在大善之前保持一份谦恭和敬畏。因为，承载其思想的肉体很快会消失，无论他多么虚矫和世俗，都不会改变他终究成为白骨的命运。相较于无始无终的时间和无边无际的空间，生命的善逝比闪电还快上万倍。趁着还能表达自己的思想时，趁着还能做些有益于众生的实事时，应该投入全部的身心，奉献全部的真诚，宁静专注地做他应做的事。

人类之所以区别于动物者，正是因为人类有灵魂的需求和向往。除了肉体的需求之外，人类还应该关照灵魂，给予它相应的滋养，使它一天天变得大气和崇高。

凉州贤孝和大手印文化承载的，正是人类灵魂需要的营养，这成为它们存在的理由。

同样，我到这个世界上来，也有我的理由。岁月无情地冲刷着历史，这个时代很快就会为岁月淹没。我要用这支笔把它记下来，所以我选择了当作家。记录这个时代，记录这个时代的农民，成为我活在这个世界上的理由。为了实践这个理由，我才写作。

那么你到这个世界上来，也要有个理由。当你知道你为什么到这个世界上来了，为什么而活着的时候，找到理由的时候，你们就成为真正的人。找不到这个理由的时候，还不是真正的人，那叫混世虫。

8 终极关怀

跟时下许多及时行乐的文化不一样的是，凉州贤孝和大手印文化都强调终极关怀。它们追求和谐，追求和平，追求人类甚至所有生物的和平共处。

和平理念是凉州贤孝很重要的内容。凉州人反对杀戮。凉州人对所有杀生者都很轻视，比如凉州有句俗语："屠汉养儿子，是充数儿的。"意思是屠汉养多少儿子，也仅仅是个数儿，算不得真正的"人"。为啥？因为屠汉是杀生害命的。他的生存，没有意义和价值。

最能代表凉州人和平理念的，是那部叫《吕祖买药》的贤孝，它以神话故事的形式，从始到终都写了一种和平智慧千年来，贤孝和其他类似的文艺形式一直这样教化，凉州人的心态就变了，人们就会相对变得爱好和平，不爱争斗。

在以凉州贤孝为代表的凉州文化熏陶下，甘肃凉州成为一个有独特文化底蕴的地方。比如，这儿几千年来没有爆发过农民起义。有时，活不下去的农民也会反抗一下，但那所谓的反抗不如说是情绪的宣泄。因为没有几个人会真正去拼命，总是一哄而起，一哄而散。

许多时候，凉州的周边地区可以血流成河，凉州却总是在和平中安稳地生存下来。就连在成吉思汗征西夏时，西夏大部分地方被屠城，凉州却奇迹般地得以保全，并且促成了进而保全西藏的一次重大会盟。同治年间的回汉仇杀也是这样，近在咫尺的民勤城被屠，凉州城却安然无恙。有人将这归之于鸠摩罗什塔的加持庇护之力，我却认为是凉州延续了千年的和平氛围使然。

凉州人讨厌暴力，爱好和平。凉州贤孝中渗透了和平的理念。贤孝中常有谴责“阳世三间人弄人，阴曹地府鬼捣鬼”的话。被贤孝文化熏陶了千年的凉州人骨子里看不起那种被称为“智囊”的人，称他们为“软蛆”——就是那种在屎尿里乱滚的蝇卵。三国时，凉州人贾栩当过曹操的谋士，但凉州后人津津乐道的仍是诗人李益和阳铿。凉州人对文化是相当尊重的，他们对文化有一种由衷的敬畏。不过，他们将“贤”和“孝”的位置更放在了文化之上。按现在的说法，就是做人高于作文。所以，贤孝才传了千年。

贤孝的传播没有政治因素，有时，有关部门反倒将其列入迷信而打击。前几年，贤孝艺人在凉州城中也时时被驱赶，近年才有了一块并不合法的乞食之地，怪的是，它偏偏能深入民间，深入心灵。大手印文化亦然，它没有得到任何统治者以权力方式的推动，更不曾凭借炒作弄出很多的喧嚣，相反，一些宗教统治者甚至还屡屡否定它，但它的光明却一直延续了千年，力所能及地驱散着愚痴的黑暗。一种没有政治背景的文化竟能传播千年之久，且影响深远，不能不说是个奇迹。

大手印文化追求自由，强调窥破虚幻，守住自己的真心。它追求的自由不像西方文化那样向外寻求，比如要借助法律、政策、金钱、人际关系等外部条件来实现，而是强调向内寻找；在《猎原》中，我用一句话概括：“心明了，路就开了。”

中国西部文化中“自由”的含义是战胜自己的贪欲，别让外部世界扰乱你的心。大手印文化的几乎所有的内容，都是教我们如何实现超越。

凉州贤孝是一种入世的文化，大手印文化则是一种超越的文化，它强调，所有的人类甚至生物都是平等的。它认为，每个人都有超越的可能性。人只要不追忆过去，不牵挂未来，只安住于当下，抓住当下，不为世界上的花花绿绿所诱惑，那么，你就会真正实现人的主体性，实现真正的超越，得到真正的自由。所谓真正的自由，就是没有任何外部附加条件的自由，不依靠金钱，不依靠权力，不依靠物质，不依赖心外的某种条件而独立存在。它是破除了许多执著之后，心灵本有光明的显发。

超越首先学会的，是舍。舍去跟生命的终极目标无关的东西，拒绝所有的诱惑，实现终极的价值。我前边说过，大手印文化认为，对于一个真正有主体性的人，整个世界仅仅起到两个作用：一是他的灵魂营养，二是他的调心道具。当你面对世上纷纭的万物和现象时，你是不是仍有一颗明白和清凉的心？故我用一首诗阐释了大手印文化：“大风吹白月，清光满虚空；扫除物与悟，便是大手印。”

时下十分滑稽的是，一方面，许多当代人陷于热恼和焦虑，不能自拔，他们非常需要心灵的滋养；另一方面，那些有益的文化滋养却早已尘封，无人问津了。在心灵滋养的供应和需求之间，出现了明显的断裂。

是故，我曾在《大手印实修心髓》一书中写道："许多时候，一种文化的发掘和一种精神的弘扬确实是人类的福音。如耶稣之博爱，如佛陀之觉悟，如贤孝的智慧，如大手印文化的超越光明，它们是暗夜里的电光，每每划破长夜，警示世人。那耀人眼眸的智慧和爱，是人类历史上最美的风景。我们敬畏它，向往它，而我们的每一次向往，都会剥去心灵的污垢，焕发一份本有的光明。"

我们很难想象，若无基督教的"博爱"，西方会是怎样的场景？若无孔子"仁"的滋养，古老的中国已走向何处？我们的当代文化也应该从凉州贤孝和大手印文化这样古老而又年轻的智慧中汲取养分，让我们灵魂更加安宁、大气、慈悲、和平、博爱。

我的"老顺"父亲

我的父亲是《大漠祭》《猎原》《白虎关》中老顺的原型。老顺的性格、习好甚至许多细节都源于父亲。父亲去世时，一些知情的读者很伤心，说：老顺死了。

在上海，我听到父亲卧床的消息时，正准备参加中国作家协会在延安组织的一次会议。我打算等开完会就马上飞到父亲身边，不料却传来了父亲去世的消息。那时，我的心都碎了。这一次，父亲是真的走了。那时，我脑中一片空白，心如刀绞，我很懊悔自己竟为了开会耽搁了行程。

记得从二十多年前开始，父亲就老是说要死，他跟那个爱叫"狼来了”的孩子一样，一次次用死的理由把子女们召到他的病床前，也带给了我们一次次虚惊。我以为这次也跟以前一样。我还安排了也在上海的儿子陈亦新早一点回武威，叫他给父亲带了许多好吃的。我告诉儿子，这次一定也跟以前一样，只要连着输几天液，你爷爷又会起床跟我们说笑。没想到这次，父亲没给我们救他的机会，陈亦新到家时，他已经走了。父亲那一次次要走的消息麻痹了儿女们，等到他真的要走时，儿女们却没有在他身边。也许是他不好意思再打搅亲人，他是在睡梦中走的，走得很突然，也很安详。按宗教的说法，这当然很吉祥。

父亲在六年前得了癌症，听到医生宣布这个消息时，我如遭雷殛。因为那时，我的生活才刚刚缓过气来，我很想叫苦了一辈子的父亲过几天好日子，不料他却患了癌症。他患的是胃癌，一些善意的人都劝我不要再花钱，免得人财两空，但我还是坚持给他动了手术。我请了甘肃最好的外科专家，前后花了几万块钱给他住院、动手术，一次次化疗。终于，父亲又活了过来。他又活了六年，又给了我能孝敬他的六年。这短短的六年，使我的人生少了许多遗憾，因为父亲终于过上了他以前想也没有想过的生活。我在城里给他专门布置了房间，他可以自由地出入，可以自由地花钱，可以吃到他以前见也没有见过的那些好吃的。父亲活得很滋润。虽然疾病也会以疼痛的方式折磨他，他还是过得很满意。我通过公开的或是私下的方式给了他许多钱，我希望他能过得尽量舒心，能随心所欲地花钱。作为一个儿子，我尽了最大的努力。所以，父亲的死虽然叫我心碎，但我还是很坦然地接受了这一事实。我想，在他活着时，我已尽到了一个儿子能尽的最大义务，我几乎没留下什么遗憾。

父亲很老实，他是我见过的最没有心机的人之一，他憨大心实，从不使用阴谋耍心计。正是这一点，使我对他格外尊重。我也许是最爱父亲的人，因为我最喜欢他的实在和质朴。虽然这种品质使我在社会上时时被一些聪明人陷害，但我还是保留了父亲传给我的这种品质。父亲有许多毛病，但他从来没有在大事上糊涂过。在我家最困难的时候，他跟母亲供我读了书，改变了我的命运。同样在我家最困难的时候，他接济过前来投奔他的近乎已沦为乞丐的一些朋友。小时候，我家也时时揭不开锅，但父母却将那仅有的一点米面，供从古浪投奔我家的一对母女度过了半年多；同样，在他也患了绝症面临病痛威胁时，他还是毫不犹豫地将他仅有的一些止痛片送给了同样面临疼痛威胁的病人；即使在我家的生活用煤非常困难时，他也时时接济同样困难的盲艺人贾福山等人。

父亲知恩图报，在他活着的许多年里，他总唠叨着那些帮过他的人们，他老是挂在口头的，就是陈伟年在他困难时给过他几元钱、陈泽年在我上学时帮过我、陈让年总在他困难时伸出援助之手、陈开财在他求助时从没有叫他失望……正是他的念叨，使我也养成了知恩图报的品质。跟父亲一样，我也永远忘不了帮我的一个个好人。

父亲少年时受尽了苦。老人们老说，他十多岁时，仍没有鞋子穿。很小的时候，他就给大户人家放羊，挣些口粮养活我的奶奶。等到他长大之后，他又当起了车户。他爬冰卧雪，起早摸黑，为的是能多挣些工分养活我们子女。在他当车户的时候，他仍是尽自己的力量帮助一些人。陈让年老是谈起父亲半夜吆车救他患了急病的女儿爱爱的故事，说要不是我爹，就不可能有后来的上了大学成为国家有用之材的爱爱；陈玉文跟他的姐姐也老是谈起父亲照顾他生病的父亲的事，说是在最困难的日子里，是父亲帮过他们，虽然那时的帮助没有改变他们的命运，但却成了那个年代最温暖人心的东西。这同样成了我《西夏咒》的素材。父亲的一生里有许多这样的故事，他用实际行动告诉了我，该如何做一个好人。

父亲对我最大的恩德，是供我读了书。在那个吃了上顿没下顿的年代，父亲却很乐观，他老是朝我憨憨地笑。他的笑成为童年时对我聪明的最大奖励。就是在父亲那种欣慰的陶醉的笑容里，我有了自信。跟万物生长靠太阳一样，父亲的笑，成为我生命里最温暖的滋养。跟他的笑一样难忘的，还有他的强大。在我的童年里，父亲很强大，他个子高，力气大，哨鞭使得很好。我就是在对父亲的崇拜中成长的。在我的很长一段人生里，父亲成了我生命的大树。记得，我第一次进城读书时，父亲背着一袋面，和我去外村赶一辆便车。父亲迈着坚实的大步，走在我前面，新翻的土地里留下了他

/ 跟万物生长靠太阳一样，父亲的笑，成为我生命里最温暖的滋养。跟他的笑一样难忘的，还有他的强大。/

大大的脚印，我一步步踩着那脚印，希望能像父亲那样强大。长大后，我真的成了在别人眼中很强大的人。虽然我们的强大改变不了世界，但却能改变我们的人生态度。

因为父亲从小受苦，没有进过一天学门。所以，有时他也会显得不可理喻。我在《大漠祭》“后记”中写道：“父亲很老实，甚至算得上愚蠢。他一生最睿智的一句话就是在我埋怨他愚蠢时说的。他说：‘娃子，我当然愚，谁叫我没个好老子供我读书呢？’”是的，他的愚，是没个好老子。我的不愚，是因为有了他这个好老子。我之所以有了今天，就是因为有了一个好老子，有了一个好母亲。他们将最大的恩德给了我，虽然在他的晚年我尽了最大的力量来孝敬他，但相较于父亲对我的恩情，我觉得还是没能报答那份恩德的万分之一。

父亲虽然走了，但还是将他最美的东西留给了我们，他的质朴、善良、大度、乐观成为我生命里最重要的营养。这是这个世界上最动人的风景。它同样也成为我走向这个世界时最有力的精神依托。正是有了父亲教我的那些好品质，我才走出了小天地，走向了大世界。

梦见父亲

昨夜，又梦见父亲了。正在肃南草原采风的我，竟连续两次梦见了父亲。

梦真好，能让我见到父亲。

父亲是三年前死的，当时是农历三月，天不热也不冷。他老怕自己会死在五黄六月。因为那时节，农活很忙，遗体也容易发臭。于是，村里老有人这样诅咒仇家：“你这个死在五黄六月的！”父亲很担心自己会死在五黄六月，成为人的笑柄。因为按凉州人的说法，死在大热天的人，都是缺了德的。父亲虽没缺德，但他的这种担心，早成了凉州老人的集体无意识。老人们的最后盼头，大多是别死在五黄六月。

在父亲的葬礼上，我被一种浓浓的沧桑包裹着。我知道，父亲这一辈死了之后，剩下的，就是我们这一辈了。我的祖先就是这样一辈辈死去的。父亲的死让我觉出了自己的老。所以，父亲死后，我总是奔跑着做事。常常是一恍惚，几年就过去了。

父亲像一滴水融入大海那样，从世上消失了。起先，我的悲痛不太强烈。在我的家乡，老人的死，是喜事的一种，称为“白喜事”——婚礼称“红喜事”。那生生死死，在凉州人看来，仅仅是存在形式的转化，都说阴阳只隔一张纸。每次回家，一出点反常的事，比如娃儿们头疼脑热啥的，母亲就会埋怨父亲：“活着为人，死了为神。你别老问候人成不？你虽是好心，可活人受不了。”母亲甚至将娃儿打碎碗也归罪于父亲。于是，我老觉得父亲还活着。

第一次觉得父亲走了的时候，是前年冬天。那天，我在凉州街头散步，忽然在寒风中看到了一位老人，他很像我的父亲，也是那么瘦，长几根黄胡子，鼻尖上挂着清涕。他在行乞。他向我伸手时，我忽然想到了父亲。我想，也许父亲的当年，为了养活我们，也这样行乞过。我的泪马上涌了出来。这时，我才醒了似的，边流泪，边念叨：我没个爹爹了，没个爹爹了……后来，我边抹泪，边给了老人一些钱。我很感激那老人，是他让我想到了父亲。此后，每次见到行乞的老人，我总是想到父亲，也总是给他们一点钱，权当对父亲的纪念和孝敬。

/ 我的祖先就是这样一辈辈死去的。

父亲的死让我觉出了自己的老。/

但是，无论我如何念想，却总是梦不到父亲。我很想梦到他。我很后悔在他活着的时候，没有留下一点影像资料。虽然我有摄像机，用来保留那些可能“马上消失”的文化，可我没想到父亲也会“马上消失”。父亲太平常了，平常得像空气一样。虽然我们离不开空气，却总是忽略了它的存在。待到我真正想看看父亲的音容笑貌时，父亲早已走了。

凉州人老说：爹妈本是佛前灯，一口吹灭永无踪。

爹一死，我才真正理解了这句话。

于是，在肃南两次梦到父亲后，我又是难过，又是高兴。

第一个梦里，父亲很热情地给我擀面，我没有吃。因为他老是擀不完。据说，人吃了阴间的饭不吉祥，但我还是想吃父亲做的饭。只是，父亲的面一直擀不完。他老是在擀，我老是在等。我多想吃到父亲做的饭呀，可他一直擀不开那个面饼。就这样，我从等待中醒来了。梦中父亲脸上的汗，仍在眼前晃。

第二个梦里，父亲很需要钱。我就给他好多钱，可他总拿不到。以前，我给父亲钱时，总是背着别人。这是我的给钱习惯。因为我不想叫外人知道他有钱而向他伸手。我知道，只要身上有钱，他是不会叫伸手者失望的。于是，梦中的我，给父亲钱时，也是背了身子，将钱伸到身后。可不知咋的，父亲总是够不着那钱。我很着急，就醒了。

那天，正是农历七月十五，是百姓祭祖先的日子。按规矩，我该给父亲送钱了。

父亲活着时，我总是公开给一份钱，暗中再给一份钱。父亲就能畅快地花钱。他想吃啥，就能吃到啥。每次我买了好吃的，就叫父亲锁在柜里——家里小孩多，很是调皮贪嘴，要是叫他们逮着了，有多少好东西都会糟光的。父亲很听话，我给他的东西，他总是锁了。有时，他也会分给孩子们几块。娃儿们为了得到好吃的，老是巴结父亲。所以，晚年的父亲并不寂寞。身前身后，总是围一群娃儿们。

村里的娃儿，都很羡慕父亲。我十岁的侄女甚至说："我啥时候才能老哩？像爷爷这样，吃这么多好吃的。"我妈便吼一声："好好念书！书念得像你大爹爹那样，想吃啥，就有啥。"凉州人管大伯叫大爹爹，管叔叔叫佬佬，都是莫名其妙的称呼。

那时，我喜欢请村里老人聊天。父亲便开了锁，取出饼干点心。老人们边品尝，边聊些陈年旧事。《西夏咒》中的许多故事，就源于这类聊天。那抢夺水源、杀母亲栽赃的事，也真实地发生在村里。

每到这时，妈也会顺嘴吃上几块。

妈最羡慕父亲，常叹："我将来老了，能不能过上他这样的日子呢？"说这话时，妈其实已经六十多岁了。因为妈的身体很好，还能像青壮年那样干活。妈很少吃我买的东西。在妈眼中，病是个天大的理由。很健康的妈，不愿像爹那样"享福"。后来我才知道，

妈的能劳动，其实也是享福的一种，因为妈的同龄人，那时已病的病了，死的死了。

爹从动过大手术后，就一直享受“特权”，他的柜子就成了家中唯一上锁的柜子。老有娃儿抽了柜子上方的抽匣，偷偷往里面探头。父亲也很精明，总是将好吃的放在柜子里的最下层。有了中间的木板，娃儿的手再长，也够不着下层的点心们。

那柜子就这样锁了十年。那里面的好吃的，一直没断过。每天，父亲总会取出几块，慢慢地品尝。要是哪个娃儿考了好成绩，父亲便会乐滋滋地奖赏他几块点心。

因为身上有了闲钱，父亲就常常上大庄子——家乡人将乡政府所在称“大庄子”。在一大堆老汉中，爹总是很显眼。谁都知道他是雪漠的父亲。因为《大漠祭》拍过电视剧，人们都知道剧情。在别人谈论我时，父亲总是憨厚地笑着。父亲就这样笑了几十年。我很小的时候，父亲就这样笑着。那时候，人一夸我，父亲总是憨厚地望着我笑。那是一种欣慰的赞许的笑。就是在那种笑中，我一天天建立了自信，终于走出了那个偏僻的小村庄。我常说，天才是夸出来的。没有父亲的那种赞许的笑，就不会有今天的雪漠。

在那时的大庄子街上，父亲享受了别人对我的夸奖后，就会招呼老汉们: 走呀，吃一碗杂碎。于是，老汉们便半推半就地跟了父亲，去牛杂碎摊，吃出一脸的满足来。

所以，父亲在最后十年，是在一种富足心态中度过的。那时，他老是回忆过去。《大漠祭》《猎原》和《白虎关》中的许多生活细节，就源于父亲的经历。平日，父亲的话不多，大多时间总是沉默。但只要谈到他早年的事，他总是一脸兴奋。他讲他跟狼斗智的故事，说“狼有状元之才”；他讲某人给过他几元钱，叫我不要忘恩；他讲有一天在马车上的草料中发现了一条蛇，他用锨铲了，扔进大河，那蛇却嗖的一下，窜过河去了。父亲在讲他的故事时总是眉飞色舞，年轻了很多。我儿子很惊奇，他说想不到木讷的爷爷，竟然也有过辉煌。这时，爹就用夸耀的口气对儿子说：你爷爷，也“耍”过人哩。接着，他遗憾地对儿子说，唉，你的爸爸，白活了，一辈子没“耍”过人。在凉州方言里，“耍人”是“精彩人生”的意思。父亲眼中，不修边幅的我，一辈子没“耍”过人。因为自打二十五岁起，我就留了胡须，显得老了，而且衣服啥的，也不光鲜，加上我总是离群索居，像月婆娘坐月子一样在家里读书写作。在父亲眼中，我当然没“耍”过人。

后来，“耍”过人的父亲死了。

父亲死后的三年间，我很少梦到他。

这次在肃南草原，我梦到的父亲很清晰，像跟他面对面交流一样。醒来后，我心里噎噎的，欲哭无泪。那浓浓的感觉一直裹挟着我，直到早晨。我想，七月十五到了，按习俗，该给父亲送钱了。

我走出房间，到一家小店，买些纸钱，上了一座无草的小山，朝着家乡的方向，给父亲烧了纸。纸灰儿打着旋儿，在风中远去了。

用这种方式给父亲送钱，我很想哭。

望着远去的纸钱，浓浓的悔意忽然涌上心头。我很后悔，在他活着的时候，没有更多地给他钱，叫他更大把大把地花，想给娃儿们多少点心，就给多少。我很后悔当初限定了他，叫他给柜子上了锁。

我想，要是当初，他能尽了性子给娃儿们和村里老人“好吃的”，定然会更快活。

我想，这烧了的纸钱，无论有多少，都比不上爹活着时的那份富足和欣慰。

凉州拳师白和平

凉州拳师中，白和平是个异类。

白和平之一异，是其性柔，不露锋芒，不事喧嚣，不飞扬，不跋扈，自多吃麝香将一嘴利齿“热”光之后，其口唇内收，更分明一慈祥的老太婆了。屡见老伴训他，他则一脸恭敬，双腿直立，猫腰拱手，口中喏喏，其神其形，比虔诚信徒见了祖师还要悚栗万分呢。那模样，实在跟拳师的身份相差太远。在老用老拳教训女人的凉州男人中，他的“异”处，实在太明显了。他却不以为耻，常当面夸老婆，一副讨好模样。

他的“柔”，既显于家，也通于外，不曾听他打过谁，或是跟谁走拳比武。他老说，我当然不打人了，我只打自己。果然，我常见他打自己，演“母子”时，他双掌互击，啪啪直响。那老拳老掌，老是跟自己的老皮老肉亲热不已，四“老”相生相克，颇有老顽童周伯通双手互搏之神韵。

其柔也，我名之为武德。

白和平之二异，是口无遮拦，心有所欲，便言如飞瀑，一泻千里。在他面前，你是看不到大心机的。他偶然使个小心机，你也如面对三岁孩童，只要他耸鼻皱眉，你便心明如镜了。他肚里那点货色，当然瞒不过胸有城府的凉州人的。他每每脱口而出者，总是一些别人视为隐私的东西，他坦然相陈，毫无愧色，浪漫率真如三岁孩童。这一特点，虽能赢得我辈之欣赏——笔者就是欣赏其率真才愿与之交往的。人生苦短，我是断不想跟人“应付”的——但在时下世界，人多戴面具，见面只讲三分话，何曾全抛一片心。他之率真，当然会付出代价的。人说沉默是金，不愿沉默的他总会叫一些“老练”者看轻。但其身边，也总有些愿捧心相待者。“人以群分”的特性，自然使他也有不少好友。

白和平之三异，跟“二异”有点联系。前者以“言语”示其率真，后者以“事相”印证其天性。在他家里，我老见一画家，每每于黄昏时分来吃饭，对此人，白爷敬若神明，每遇外人，便推荐其画。他老想靠自己的热情，来挽救艺术的没落。对画家之落魄，他最是愤愤不平了。为解画家困厄，他掏出数千元积蓄，购得画作多幅，挂满墙壁，并动员子女，慷慨解囊。不几年，其亲友家的墙壁，多成了画家展销之所。要知道，白家老夫妻，均是失业之人，却能在自家并不太稠的饭锅里，舀一碗以敬人。对此善举，我是欣然颔首的。

我初遇白和平，是在二十年前。不成想，一脸慈祥的他，舞起

拳来，竟虎虎生风，目射精光，面露霸气，身姿矫健，捷如猿猴。他的姿势很好看，拳势很有音乐感，这成为他最明显的特点，他一直将其保持到晚年。每次交谈，他老是谈起幼年学拳的故事，因幼时家贫，为供养师傅，他便同伙伴们去脱土坯，挣得一点钱，买些食物，以孝敬师傅。虽说穷文富武，但凉州武师多清贫度日，他们怀揣武术珍宝，却不知如何将其销往世界。以此缘故，凉州武师们不乏穷困潦倒者。偶有意外，也是凭武功外的本事赢得生存之资的。

凉州武师教徒，多不收费。广场里不乏免费授徒达数十年者。白和平也不向徒众叫穷，更不以是否孝敬钱物，作为授拳的条件。他最初以拉板车为生，后搬运社倒闭，遂失业在家，既不能向徒众伸手，但自家的口，总是要糊的。

白和平于是在武功之外，又学了多般生存本事："文革"前后，以卖布票等物为生，手头当然比同行松活。以其真诚，每有所得，总是邀同伴购以酒肉。后来，他索性卖起了腊肉，我总是很可惜他没将腊肉行当"贯彻"到现在，说真的，一提他卤的肉，我就舌上生津。后来，他赠我以卤汤，再传以窍诀。每日清晨写作时，我总要先嚼几片"白家腊肉"，以充当脑中之养分。

白和平于五十岁时，再学新艺，专攻秦腔，真是奇迹。人过三十不学艺，何况那秦腔不比别的行当，没天分没毅力，是难窥门径的。白和平省吃俭用，购得 VCD 等，更效法坐月子的婆娘，不事交游，闭门缩首，耳听乐音，口哼诸调，手随那碟片内容，将那干鼓锣镲等，反复操练。下得十余年功后，他竟摇身一变，由著名武师，化为梨园行家。时有人请他上场助威，他高呼低喝，左右逢源，成为导演似的人物了。

一日，我前往北关，见一戏场。我真的惊喜了一阵。我当然想不到，在时下喧嚣万分的凉州街头，竟还有一班以艺术为乐者。白和平也在戏场内，前置诸般打击乐。这戏班虽不太大，但生旦净丑，并不少缺。时有人上场，将那秦腔，吼出好大派头。白和平一人操作多般器乐，以助其威，其声势，分明是行家里手。我有意想看看他的唱功，就给他挂红一匹，点名要听他的唱功。不成想，他那老太婆似的口中，竟也吼出了阳刚气十足的乱弹来。

生计解决之后，白和平重拣拳法，再回武坛。但此时练武的所欲，就不仅仅是锻炼身体了。他于诸多名师前，学得数十种拳法器械，他一生视如珍宝，不时把玩。但人生无常，身体虽可由少而老，最终进入土坑，武术却不该随人葬埋于地下。他便开始寻思传人。一生虽授徒无数，但得真传且有始有终者，并没几人。每念及祖宗传下的绝活，他便慨叹不已。我是很能理解他的。凉州文化中，有好些绝活，都在全球化浪潮中，面临被历史淹没的危险，如凉州贤孝，如凉州武术。虽知江河日下，世事无常，但好些东西，还是不该绝种的。

白和平之忧，何尝又不是时代之忧呢?

当代凉州武师中，白和平虽不以功夫的老辣取胜——对此他也供认不讳——但我还是认为他汲取了凉州武术的有益养分。他不怨天，不尤人，不唉声叹气，反倒尽自己的心力，活出独有的一分滋味来。

我们不能左右社会的变化，但我们总是能左右自己的心。

我们虽不能改造世界，但总能改造自己的人生姿态。

凉州神婆

研究凉州神婆是很有趣的事，它不仅是民俗学的范畴，更涉及文化学和心理学领域。笔者在长篇小说《大漠祭》中，塑造了一个神婆，很能代表凉州神婆。节录如下：

神婆姓齐，是沙湾的二号有钱人，五十岁了，脸上的皮尽打了褶儿，上嘴唇长，下嘴唇短，红丢丢的，说一句话就伸出舌头多情地舔舔红唇，抿着嘴笑。她走起路来也风骚得很，又是个小脚崽崽儿，真正扭成个风摆柳枝儿。听说神婆年轻时害过一场病，病了三年，怎么治也治不好。第三年的一个夜里，忽然有了神。神是每天晚上亥时来。来时，神婆总要打三个呵欠，再打个冷颤，浑身的骨节就咯吧咯吧响起来。响一阵，才口吐白沫晕过去。晕一阵，神就入了窍，就能给人算命燎病。

……病一燎罢，神婆就妖声妖气拖一口怪腔调说自己是陕西蓝田人氏，十八岁那年病死的，修成了鬼仙。……其修持之人，始也不悟大道，而但求速成，形如槁木，色如死灰，神识内守，一志不散，定中以出阴神，乃精灵之鬼，非纯阳之仙。以其一志阴灵不散，故名鬼仙。……于是，一入夜，远远近近的人便挤满了神婆家的大书房。几十年来，沙枣木门槛给踢折了十八次。

读了上面的文字，读者便明白凉州神婆的特点了。概而括之，可有以下几点：风流多情、患病多年、鬼神入窍、举止神异、交际很广、生活富足等。下面，分而述之：

一是风流多情。在生活的重压下，凉州女人已无暇浪漫了。但凉州神婆却可以例外，她们大多健谈，会唱歌，会跳舞，极有情趣。这是凉州神婆独有的秉性，无论在当神婆前，还是成神婆后，她们都是一群游离于当地妇女圈之外的女性。人性中固有的东西在她们身上体现得最为淋漓尽致。

二是患病多年。在现实的希望破灭之后，她们无一例外地患病了，病得死去活来，直磨得“形如槁木，色如死灰，神识内守，一志不散，”才终于有了自己的“神”。

我在《凉州与凉州人》中写道：“凉州女人多梦，几乎每个女人都有一晕向往，一抹绚丽，一个五彩梦……那是支撑她在艰辛人生中挺直脊梁的标杆。一旦毁灭，人生的殿堂随之倒塌：或从此沉沦，或以死殉梦，或浑浑噩噩度世，或遁入宗教以求寄托。粗心的凉州男人是读不懂凉州女人的。雷台湖里尽神婆，居士群中多女人，此中真味，谁能解得？”

读完这段文字，也许你便明白了凉州女人的患病之由，你才会明白神婆为何尽是风流多情的凉州女人。

三是鬼神入窍。女人病到一定程度，鬼神便趁“虚”入窍了。

沈从文在《凤凰》中有相应描写：

> ……因人与人相互爱悦和当前道德观念极端冲突，便产生和神怪爱悦的传说，女性在性方面的压抑情绪，方借此得到一条出路……觉得洞神亲自换了新衣骑着白马来接她，耳中有箫鼓竞奏，眼睛发光，脸色发红……家中人……只以为女儿被神所眷爱致死。料不到女儿因在人间无可爱悦，却爱上了神，在人神恋与自我恋情中消耗其如花生命……她在恋爱之中，含笑死去。

我在《凉州与凉州人》中写道："与沈从文描写的苗女不同的是，凉州神婆在与神的相恋之中，'幸福'地活着……相较于一般凉州女人，能与'神'有感情交往和性交往的神婆无疑是幸福的。"

四是举止神异，神神道道，异于常人。"神"入窍时，神婆常见的表现是打呵欠，打冷颤，浑身骨节暴响，再口吐白沫晕过去。也有以"人神合一"自称的，便用不着这些入窍表演了。在当地人眼里，她们是"学"来的神婆，其地位，自然不如神入窍者了。

此外怪异的，便是口音了。神入窍后，神婆的口音便也成"神"的了。你可以想象，一个平日呈萎靡相且操一口硬怪怪的凉州土话的农妇，忽然间神采飞扬地拖一口外地腔调出现在村人面前，出口成歌，随问随答，不假思索，言辞顺达押韵，怎能不令人惊诧啊？

五是交际很广，生活富足。有了"神"后，女人们的苦日子才算熬出了头。

一位自称是某个大人物"入窍"的神婆是凉州神婆中公认的明星。她能说一口流利的南方方言，能装扮出"大人物"特有的派头，言谈举止，威风异常。她的生意，自然格外红火，家中常常是门庭若市，热闹非凡。她"出马"已有十年。有人算过一笔细账，以最保守的每日十人计算，再以最保守的每人孝敬十元计算，每日她足有百元的进项。十年下来，她至少已有数十万的收入。

这样的神婆虽是个别，但一个无可争议的事实是：凉州神婆大多相对富足。她的“神”是家庭收入的主要来源。所以，惯于靠老拳在女人身上显示“权威”的凉州男人便再也奈何不了她了。

凉州"炭毛子"

"炭毛子"是我的长篇小说《猎原》中的人物，他捣是弄非，唯恐天下不乱。其心思多诈，又惯于哗众取宠，故追随者极多，俨然成一派领袖了。怪的是，这号人往往能得势，小者逞凶一时，大者扬名青史。历朝历代的所谓"智囊"，皆是这号人物。中国文化中，有许多教授这类人才的书，如《智囊》《智术》《反经》之流，其目的，便是把一个人异化为擅长权谋的动物。可怕的是，这种人，这种书，竟然能流传千年。若叫这种书熏陶多年，其心地，想来是不会光明的。一个国家，一个民族，若叫这号人物占了主流，是很可怕的事。

凉州也不乏这类人，而且也多得势，诸界的乌烟瘴气，均是这类人所捣鼓。凉州宝卷，传了千年，里面老有这类情节，可见其历史悠久。每次念宝卷，多听到一句：“阳世三间人弄人，阴曹地府鬼捣鬼。”可见阴界，也盛行“炭毛子”这号人。捣弄之风，随处可见。

凉州人崇尚老实，不喜欢脑筋太灵活的人。像我这号人，自小就被称为“二杆子”，我是《猎原》中人物“黑羔子”的生活原型。从小至今，在任何一个行当，老有说我坏话的。原因很简单，我的思维和主流文化不合。当然，还有个更重要的原因，就是在生活中，我老碰到炭毛子们。因深受其苦，在《猎原》中，我才能将炭毛子写活，其形其神，呼之欲出，令无数有良知者切齿。

“炭毛子”本是一个行当，赶头毛驴，往返于煤矿与村落间，赚些薄利。凉州人鄙视经商，视其为不务正业。凉州的方言中，老有骂炭毛子的话，如比喻人不正派，就骂他是“炭毛子的驴”。

早些年的炭毛子，虽受人讥讽，但因其能取得利来，有余钱。所以，炭毛子多有相好，住店有相好，往返路径的村庄亦有相好，一脸盆炭也能换得一个女人松裤带。看到这儿，外地人不必讥笑。当知，以前凉州人多烧柴草树叶，有时，弄不到烧的时，灶中连烟火都生不起的。相较于吃生食或是饿死，有的主妇总愿意“以身殉职”的。

/ 心变了，命才能变；心明了，路才能开。/

因走南闯北，炭毛子见多识广。回村后，也就播下了许多外面世界的信息种子，宁静的村落就是这样渐渐喧闹的，是非因此而生。炭毛子空有一身捣腾的本事，苦于不在战国时期，“连横”“合纵”不成，“挂印”“拜相”不得，聊以在乡村里的是是非非中施展一下手脚。

《猎原》中的争草场，抢水源，即是村落纠葛的延续。炭毛子出尽风头，名利双收，不但位居“领袖”之职，而且有了相当的战利品。他能将众牧人玩弄于股掌，而成为小地方的风流人物。

具有嘲讽意味的是，炭毛子诸算皆精，无不应其心，但他独独忘了身后有更强大的东西如影随形般跟定了他，那便是死神。无论是豪夺天下的大炭毛子，还是巧取小物件的小炭毛子，他们固然得胜于一时。但那死神张了獠牙一到，胜败顿然逆化，窃天下的复还于天下，窃万民的复归于万民。炭毛子们得到的，是原形毕露的罪恶凶相，是遗臭万年的结局。

但炭毛子们是看不到这一点的。因其目盲，我称之为“痴”；因其欲望无边，我称之为“贪”；因其视对手——他自以为的对手——为仇寇，我称之为“嗔”。具备了贪嗔痴“三德”的炭毛子，固然能得势于一时，但岁月，终究会像风刮苍蝇一样把他们卷得无影无踪。罪恶的所得终将消失，最终消失不了的，是罪恶。

炭毛子是不信世上有好人的。他们惯于以己心，度人腹。他们眼中，圣人皆是伪君子。举世茫茫，皆是如己之人。故他时握两般武器：一曰“害人之心”，一曰“防人之意”。他们迷信自己的所谓智慧，更不相信所谓良知。他们是窝里斗的根源，是腐败的温床。

炭毛子的心与地位无关，与财富无关，与知识学历无关。位高者可成政客，翻手为云，覆手为雨，阴谋阳谋，由心而造。位卑者，便是进入《猎原》，成为“炭毛子”之类货色，欺负比他更弱小者。他们便纵有亿万资产，或居高官大位，也难改其贪嗔本质，世界因之而掀起无数的恶风浊浪。

炭毛子最憎恶的，是比他强的人。位卑时，他可能奴颜屈膝，地位环境稍有改善，便翻脸不认人。他最憎恶的，也许就是曾帮过他的人，他是将被人帮助视为屈辱的。于是，世上便多了许多忘恩负义之辈。那炭毛子们，是从来不将帮过他的人当成恩人的。

所以，一个人的改变与金钱地位无关，取决于其心的善恶大小。心善者，方有善行；心恶者，难有善念；心大者，遂有大业；心小者，难成大器。心蒙昧者，不会有光明之行；心愚痴者，不会有智慧之举；心堕落者，极难有超然之念。救世先救心，诸般“开关”，当以心为先。

所以，我在《猎原》中说：“心变了，命才能变；心明了，路才能开。”

凉州"掌柜的"

很小的时候，父母就对老鼠有种敬畏。凉州人都这样。凉州有许多禁忌，每一种禁忌，都反映出凉州人对大自然的敬畏。

记得，对老鼠，父母向来不直呼其名，而尊之为"掌柜的"。这"掌柜的"，有"家主人"的含义，言语间竟是将老鼠尊成了家主儿。那么，人是什么？人是"奴"。父母就互称对方为"老奴"。母亲更是如此，无奈间干某个不愿干的活儿时，总说："老丫头不吃剩饭是奴的过。"

但那些"掌柜的"，并不因"奴"们的敬畏而稍加收敛，反倒肆无忌惮了。不知从何时起，鼠们已铺天盖地了。那阵候，真是吓人。"掌柜的"团结起来，将土地打得千疮百孔，将那农民用汗水浇出的庄稼，堂而皇之地搬入洞里据为己有。而且，它们偷的，多是黄豆，想来它们也懂营养，知道那玩意儿，蛋白质高。

因为用了鼠药，乡村里已看不到猫。那本该药鼠的药，将千千万万的猫送入了阴司，这下，鼠没了敬畏，大摇大摆地东游西逛，老听到乡里传言，谁谁谁，叫老鼠咬了。

我的长篇小说《猎原》中的打鼠故事，记录的，就是这真实的生活。

因“掌柜的”们开始扎自己的喉咙，父母们便开始行动，或是挖地三尺，鼠口夺粮，或是使出各种灭鼠的法儿。诸法中，最管用的法儿是“电猫儿”，那玩意儿，很是厉害。村中有一家，一安“电猫儿”，一夜竟打死了两架子车老鼠。那架子车，是凉州人往地里送粪的专用车。一车，至少装几百只老鼠。当那人装了两架子车老鼠招摇过村时，村里人都叫：“乖乖，成精了。”

只一家，只一夜，就弄死了近千只老鼠，全村有多少？全乡、全县、全市有多少？于是村里人都叫：“乖乖，不得了！”当家中有一两只老鼠时，父母们可以给它主人的待遇，尊成“掌柜的”。但这千百个“掌柜的”跟自己夺养命食时，百姓便反了。他们再也不怕那些“掌柜的”，而是齐心协力，或药“闹”，或用“电猫儿”，一月过去，河滩里便躺满了铺天盖地的“掌柜的”尸体，臭气打着旋儿，一股股裹向村落。

父母们终于进步了。几千年前，见到硕鼠时，只想“适彼乐土”。现在，有了新科技，总能跟它斗上三五个回合。

只是，另一个版本的灭鼠故事，总叫我深思：有一灭鼠大王，平生与老鼠为敌，杀鼠无数，一夜，见鼠数万，齐来他院里，向他叩头，并一齐磨牙，那咯吱声，惊天动地。此人魂飞魄散，许愿无数，鼠终不离去，后答应贿以油食，并发誓不再杀鼠，鼠们才饶了他。后来，此人一见鼠便拜，尊为“神”。他是相信有“鼠神”的。按他的解释，他杀鼠太多，触怒鼠神，才招来鼠神的警告——有些读者已经明白了，这便是《猎原》中老顺灭鼠后再拜敬其为“鼠神”的原型故事。

老顺们是必须要灭鼠的，因为老鼠已直接影响到自己的生机；老顺们也愿意尊敬“掌柜的”，只是“掌柜的”不要太猖狂。农民们似乎认可了“掌柜的”适度的掠夺。按我爹宽容的说法：“谁也得吃饭。”凉州人想，老天既然生了它，它就总会有点用处。凉州人不知道“存在的便是合理的”的哲学命题，但他们的灵魂深处，早就这样认为了。

那“尊”和“灭”的界限，是一个“度”的问题：你活了，也要叫别人活；当你不叫我活时，我就会灭你。

但我死活不明白，父母们为啥在“灭”了之后，又每每将被灭者尊为神灵而祭祀？是他们灵魂深处的歉疚所致，还是他们的生活离不开“神”？

王宝元其人其书

认识王宝元，约在四年前。一日，我正与纪天材先生谈藏学，来一老头，旁若无人，侃侃而谈，语多精辟，且有正气充盈其中。待他离去，纪先生告诉我：此人，即王宝元。我方知写《凉城沧桑》的，便是他。

后与王老渐趋亲密，无话不谈，每每惊异于他地名学之素养，每问之，辄旁征博引，如数家珍，言语间十分自信，无虚套之气，无骄矜之色，大气赫赫，有学者气象。后知他是山东人。怪不得，外来“异类”也。

王老“异类”之异，有以下三点：

一异：不媚上，不傲下。自成凉州名人后，王老亦成“忙人”，中央省上来人，或有文化会议，他若在场，面无媚色，口无谀词，所谈者，多逆耳忠言，或呼吁，或批评，毫不圆融。但对寻常百姓，却和颜悦色，笔者就屡屡被他拉去，替农民办难办之事。问其关系，多不相干。

二异：正气凛然，多管闲事。王老非政府首脑，非文物干部，却老操文物的心，时不时大声疾呼，常见有关文物的大文出世。我在他的《凉州春秋》上题词“浩气化文胆，把笔弄大风”，即指此事。每次开会，也不管会情如何，他总是口若悬河，谈他虽谈了多次但于事无补的事，言语铿锵，时露忧愤之色，不似七旬老人。虽屡屡惹人非议，却每每乐此不疲。时下，同流合污易，洁身自好难，至于“举世皆睡我独醒”，击鼓鸣钟，振聋发聩，以警世人者，尘俗名之为傻瓜，我却视之为“英雄”。王老所为，可圈可点。我自见其行履，不复发那杨成绪似的千古一叹。

三异：追根溯源，“愚”不可及。王老著作中，如《高沟堡》和《百塔寺》等，多旅居当地，吞风饮沙，爬冰卧雪，数月乃成。为一小文，花如许精力，非“愚人”不愿为也。王老著文，非以书抄书，非捧人臭脚，非虚应故事，非自慰呻吟，皆沉甸实在，掷地有声。凉州若长久于人世，则其文也当长存于世间。欲知凉州者，不读王老文章，当为憾事。

王宝元之“异”，尚有许多，比如特立独行，不为世俗同化等，此处不再赘述，单讲其书。前不久，他出版了两本书，一为《凉州春秋》，洋洋三十二万言，分“凉州地名考释”“凉州历史评述”“凉州名胜古迹考”等七类，我见之，视为至宝。我虽为凉州土著，但对凉州地名不甚了了。王老此书，分明是我文学营养之一种，比起一些所谓作家的胡编乱造，无异于天上地下。翻开此书，扑面而来的，是王老独有的拙朴之气，文字朴素，毫无华采，但字里行间，学究气十足，浸透其毕生学养。其中不乏有创见之观点，多沉甸甸之考证，资料丰盈，实实在在，犹如石头，不由叹服。后与王老谈喧，方知此书，系他一生心血所凝。从年轻时开始，他便用一双肉足，量遍了武威大地，每有疑虑，必亲往考证，多方奔波，数旬劳累，才可能有数行短文。三十余万字，多是汗水所化。欲知武威者，不读此书，实为憾事。

王老的另一本书为《中国回族与凉州回族史略》。我先阅其校样，又问王老索要校本珍藏。此书虽失之简略，但有三个优点：

一、此书弥补了凉州穆斯林研究之空白。凉州跟甘肃临夏一样，也为伊斯兰文化重镇，可惜研究者不多，成书者更少。王老此书，可补空白。

二、书中许多资料，均为第一手资料，极有价值。如回汉仇杀，以前看过有关资料，多宏观叙述，乏细节描写。王老所采访之资料，叫人触目惊心，若非王老抢救，这段史实，必为岁月埋没。

/ 真正的传承，是对精神的继承，这远比复制形式更加重要。 /

以史为镜，可以知得失。回汉仇杀，是历史悲剧。无论汉杀回，还是回屠汉，都是人类历史上不该发生的事。汉回本为兄弟，当和睦相处，患难与共，希望这类悲剧不再上演。

三、该书深入浅出，介绍伊斯兰文化。笔者曾读过许多专著，因部头太大，读后反不甚了了。王老著此书，是想通俗地介绍伊斯兰文化。我认为，他达到了目的。欲了解伊斯兰文化者，相信能开卷有益。

可叹的是，因学术著作曲高和寡，王老书成之后，竟无出版社愿意接纳，无奈间，他只好自筹经费，自力印行。我亲眼目睹过王老为出版此书付出的艰辛。出书前，他虽年逾七旬，但身强力壮，行走如风；出书后，因此书识者了了，销路不畅，他欠下数万元印刷费，心头压力，重如泰山，数月间，诸病缠身，屡屡住院。一代优秀学者，为弘扬凉州文化，竟节衣缩食，自掏腰包，终于为一点书款，愁成病夫了。每念及，我不由大叹：想我武威，也是文化名城，读书识货者，为啥如此稀罕?

今日著文，不为还文债，不为谋稿酬，不为博虚名，只是不忍叫王老坐愁家中，长吁短叹，一日比一日病老下去。若有看到此文者，或能将懵懂之眼，化为识货之睛，终于拨亮眼珠，发现被尘封的宝贝；或知王老窘状，能慷慨解囊，或购其书，或资其难，解其困厄，我也不算白写此文了。

“柴牡丹”其人其画

某日，应金昌吴万福先生相邀，于席间见一老者，着白绸衣，风时时鼓荡其衣，宛然若有仙气。此人叫柴来江，以画牡丹著称，凉州人以“牡丹”代其大号。他玉面清瘦，虽有老姿，却无须髯。言谈间，毫无城府，了然可洞其肺腑。

席后，柴来江至我家，聊至妙处，他口没遮拦，酣畅至极，更胜顽童十分。闻其妙语，我如饮酒至酣，通体怡然，多年不曾有这快感了，遂生与之相交之意。

后阅其画，发现他笔墨清雅，功力很深。待见他的焦墨山水时，不由得心中一振。我虽以文为业，却爱书画，且自认眼力不差，知其焦墨山水决非凡俗之作。除张汀外，是我国画坛罕有以焦墨山水名世者。因其以焦墨作画，不像水墨那样分远近造意韵，难使意境如神。“柴牡丹”却偏偏用焦墨成就了一方格局。

我曾为其画题过几首诗，或可管中窥豹，以括其风格：“壑幽孕灵气，水响出空灵”、“清风来赴约，禅意动古声”、“大梦谁先觉，撩眼叹太空”、“雨中有大妙，天籁由心生”、“风拂心头意，澄然如静波”等等。

确实，柴氏作画，师造化而宗灵气，纳凉州文化之精髓，却又超越了地域时空。其画仿佛来自亘古的清凉，拥万千沟壑，挟出尘之气，挥洒出一种独有的格局。观其焦墨山水，如面对大自然，胸中虽有无穷慨叹，却如哑失声，竟不能吐出一字。斯时，所有的语言皆惨白到无一丝灵质了。

与柴老闲聊，知其作画历史，亦如蛹化蝶那样，他多次否定自己，又从否定中超越。由“名家”，化为“无知”小儿，如是多次；亦如我为之文，由否定之否定，最后方能从心中流出本真。此时，那所谓的艺术，已超越了技法，远离了造作，仅仅是灵魂在流淌了。

斯人才有斯画。

是的。澄然如童子者，方能远离垢染，以赤子之心，贴自然之脉搏，方能从虚静无执中流出万物来。

/ 澄然如童子者，方能远离垢染，以赤子之心，贴自然之脉搏，方能从虚静无执中流出万物来。/

兰州筏子客

小时候，对兰州的印象，还是在民歌中。一首凉州民歌唱道：“十七绣得清，绣上了兰州城；四城门上把定了，四个满洲人。”我便想：满洲人为啥把定兰州城呢？于是，在我心中，总觉兰州有些怪怪的。后来，去了兰州，发现那儿没城门，也没满洲人，只是多山。白塔山呀，五泉山呀，兰山呀，四下里挤了来，把个兰州挤成了洼里的一攒楼。

兰州有三件宝：“吉祥葫芦牛肉面，羊皮筏子赛军舰。”牛肉面很有名，到任何城市，都能在街上看到那几个字。吉祥葫芦说来话长，不提也罢。我最想说的，便是那筏子客了。

因为我父亲是车户，老跟筏子客打交道，我自小便熟悉筏子客。火车没开通前，西部的货要想运往东部，其方式大多有三种：一是用驼帮，二是靠马车，三便是凭借筏子了。

那时，兰州是西部的发货点之一，成山的货物，总是堆在黄河码头，装上颤巍巍的筏子，然后浩荡而下。黄河水虽然桀骜不驯，对筏子倒相对温柔。那黄汤鼓荡着，奔泻着，托了筏子，势如飞箭，只消十多日，便到了包头。那时的包头，有无数条运输线伸向全国，其形其效，很像将血液运向全身的心脏，有多少货也叫消化了。时人传言：“拉不完的兰州，填不满的包头。”

到了包头，卸了货后，筏子便没辙了。要知道，筏子本身无动力，别看上面有桨，但凭那几把桨，是摇不动成山的货物的。大的牛皮筏子，能装几十吨货呢。好在黄河力大，那水势滚滚滔滔，只要筏子客不犯规矩，黄河总愿将他们托上几千里的。于是，下水筏驮人，上水人驮筏。轻些的羊皮筏子，人能驮得动；大点的牛皮筏子，就只好由我父亲他们运了来，或是车拉，或是驼运。

我十八岁那年，父亲带我去见筏子客。我第一次见到了书中介绍过的黄河，原以为，“黄河之水天上来，奔流到海不复回”，其水势定然惊天动地。可没想到，我见到的，只是蠕蠕而动的一线黄水。见我失望，父亲说：“这儿是上游，又是枯水期，等到了下游，别的水注进来，嘿，那才‘蝎虎’得很。”

但我的失望很快就被一种惊奇冲淡了。因为那筏子客要带了我游过黄河。那可真是一次惊险旅程。我被装入一只牛皮筏中，那人死命往筏中吹气。这时，我才知道，世上真有吹牛皮的人。听着噗噗的声音，一股皮革独有的臭味令我窒息。不知过了多久，我觉得自己忽悠了起来，紧接着，便听到巨大的水声。那声响，是惊心动魄的。想不到，那看似蠕蠕而动的黄水，竟能发出充满了力量的闷雷声。我虽然看不到筏子内壁的鼓荡，但水冲牛皮的闷雷声却渗入了我的灵魂深处。不知过了多久，我看到了一丝亮光，见到了喘着粗气憨憨地望着我笑的筏子客。正是他，在泛黄的涛水中，抱着装了我的筏子，游到河对岸的。

后来，那伯伯开始制羊皮筏子。他宰羊时，不像屠汉那样开膛破肚，而是从羊脖处下刀，像人脱裤子那样，将皮褪下去。他很少用刀，因为要是不小心割破一处，这张皮子就废了。他或是拳捣，或是手撕，不一会儿，就褪下了羊皮；弄光羊毛后，他扎了脖处和三肢，只留下一肢开口，灌以清油、盐和水。再吹了气，扎住口，放到日头下暴晒，晒时还要不停地翻动。据说，那盐油既堵毛孔，又防虫蛀。晒上一月，皮胎就黄灿灿了。就这样，将制好的十多个羊胎吹了气，绑在按规矩扎好的筏架上，就成羊皮筏了。牛皮筏也是这样做的，只是更费力气。当然，它驮的货物也多。二十世纪三十年代，兰州筏子客曾给重庆送过汽油，为抗战立过大功呢。

后来，兰州修了铁桥；后来，又有了铁路。筏子客便失业了。他们老的老了，死的死了。再后来，黄河上又出现了筏子客的身影。因为想体验惊险的外地人，总想尝尝跌宕于黄涛之上的感觉。筏子客说，成哩。你给点小费，他就会将你带上筏子。于是，你就看到，你坐的筏架下面，黄河水在翻滚。它们跳呀跃呀，边飞快后窜，边想舔你的屁股。虽然你可以大呼小叫，但你别怕，因筏子的习性，就是吃水极浅，且贴浪飞行。再说，老祖宗用筏子几千年了，安全系数挺高的。当然，你要是心虚，就在脖中挂个救生筏。这样，你就完成了一个循环：羊皮筏驮着你，你又驮着救生筏。

嘉峪关的河西民歌

嘉峪关亦属河西，号称天下第一雄关，它是万里长城的西端终点。当你出长安，过天水，经兰州，沿祁连山和腾格里大沙漠中间的狭长通道，你会走入一个叫“河西走廊”的所在。中国的历史上，这儿多为“胡人”所居，周时西戎，汉时匈奴，唐时吐蕃，西夏时六谷部。大漠和大山间，一条道路游蛇般西窜，扭向一个叫嘉峪关的所在。此关雄奇，关内生豪气，出关现悲情，跨出关门，瞭眼便见满眼戈壁，苍凉之气，扑面而来。由此而西，虽有几个叫“阳关”“玉门关”的著名所在，但观其形貌，亦多为苍凉大海中之几片枯叶。它们的存在，仅能充抚慰之念想，而难疗灵魂之焦灼。所以，我很小的时候，父辈们就说：“一出嘉峪关，两眼泪汪汪。”

嘉峪关楼峭立于山麓，巍峨宏伟，气势磅礴，古称“边陲锁阴”，是万里长城防线上的重要军事要塞，也是“丝绸之路”的必经关隘。一出嘉峪关，就是我们常说的“关外”了。

嘉峪关是河西公认的好地方。但这“好”，也是相对于戈壁沙漠而言，跟东南诸地，实在是不能比的。这儿山多焦秃，荒无寸草，风沙时现，遮天蔽日，干旱缺水，辄有纠纷。不知上溯至多少辈祖宗起，这儿便因抢水而血流盈地。翻开志书等，便见历朝历代关于处理水纠纷的史料。至于传说，其数目之多，不在《天方夜谭》之下。有好些地方，多“以石为证”，欲将无常之石刻，处理永久之纠纷。但那纠纷之血，并不因“石”的存在而绝迹。

我对嘉峪关的印象，最早是在河西民歌中，一首叫《王哥放羊》的歌中唱道：

往前瞭来是戈壁滩，
往后看来是嘉峪关，
两边看是两架山，
抬起头来是一绺绺天。

当你站在嘉峪关关城上，遥望茫茫黄沙，从拂面的漠风中听到

飘来的民歌时，你的心定然会被震撼的。因为，无论其曲调，还是内容，流行于当地的歌中都有种撕心裂肺般的痛楚。如写现实的苦难：“嘉峪关口子里雷吼了，黄沙滩落了个雨了；杀人的钢刀是眼前的路，把尕妹妹活活地宰了。”如写分离的苦难：“白纸上写一颗黑字来，黄表上拓者个印来，有钱了带一个笑脸来，没钱了挂一匹布来，有心了看一回尕妹来，没心了辞一回路来，活着了捎一封书信来，死了者托一个梦来……”那民歌中，充满了这类描写。

在当年的河西，有一大批遭受世俗欺压的年轻女子。她们唯一的理想就是“多年媳妇熬成婆”，去欺压更比她们年轻的弱小女子。于是，那些弱小的女子只能凭借“花儿”倾诉其心声。一首“花儿”唱道:“花儿本是心中的话，不唱时由不得自家。钢刀拿来把头割下，不死就这么个唱法。”一曲曲回肠荡气的民歌，是一次次刻骨铭心的生命体验，是发自生命深处的感悟，是心灵的诉说。它是带泪的倾诉，含笑的哭泣，顿悟时的超然，惨痛后的微笑。它的感染力十分强，仿佛有一只神奇的手，从歌手的心里抓出那份生命的感觉，全部地放到了听众的心中，能引起他灵魂的共振。

我曾在《白虎关》中塑造过一位河西女歌手莹儿。唱那些爱情“花儿”时，莹儿便成了世上最坚强的人。那份执著，那份坚强，那份为了爱情宁死不屈的坚忍，仿佛来自天国。这是一种什么精神？仿佛，已不是爱情了，已成为信仰，成为宗教，成为人生唯一的慰藉。这就是花儿，是西部人独有的民歌，是灵魂的诗，是贫瘠的人生中繁衍绿色抵御风沙的骆驼草，里面渗透了西部人独有的灵魂追求。

河西民间歌手和职业演员最本质的区别是，演员学唱歌是为了“用”，而河西民间歌手唱歌是因为爱。爱是他们活的理由，也是他们活的意义。

那些民间歌手的唱歌不为名，不为利，只为了心中的那点儿曾叫他温馨过的东西。他宁愿放歌在“关”外的旷野里，独自享受，

自我陶醉。听他歌的，或许是静默的大漠，或许是蠕动的羊群。他才不去管别人是不是在听。他唱歌时，绝不会想到出场费之类的。他的唱歌，出自灵魂，流向自然，这仅仅是生命的需要。他甚至不需要有欣赏他的人，哪怕天地之间，只有他一个人，他也会放开歌喉，唱出他生命里最美的歌。唱歌本身，就是一种生命的需要。

追求安分的敦煌人

敦煌古称沙州，位于甘肃最西端，以莫高窟和敦煌学闻名于世。

相较于时下追求时尚的人类，敦煌人追求的，是另一种人生价值。

因为祁连前隔，沙漠后绕，敦煌人的生存空间相对封闭，极少有外界的喧嚣扰乱心灵，敦煌人便有时间去思考一些诸如灵魂和信仰之类的事。因为历史文化的深厚，大多的敦煌人都有着哲人的深邃。他们眼中，人的一辈子如同过桥，那“过”便是目的。要是你过于贪婪地想在那桥上做些事或是造房子，是很滑稽的事。我的朋友讲过一个外地人的故事，他身患绝症，却仍是到处买房炒房。当我将这个故事讲给敦煌人时，他们会无一例外地冷笑。他们会说，霸了千贯霸万贯，临亡了霸下四块板。那四块板的意思是棺材。他们认为，那些追逐利润的外地人真是莫名其妙。他们为啥不好好享受呢？难道他们不知道，世上的钱是挣不完的，而人的生命只有一次。

明白了无常的敦煌人总想建立一种岁月毁不了的价值，或信仰宗教，或追求功德，或献身艺术。于是，敦煌才会出现那么多的绘出了敦煌壁画的无名的大师。他们是懒得管那名呀利呀的事的，因为他们明白，那些世人追逐不休的东西，其实是过眼云烟，无论你咋个执著，它总会远去消散的。

自以为“想透了”的敦煌人总爱想一些生命的意义和活着的理由之类。有时，活的理由比“活”的过程更重要。为了这种活着的理由，他们宁可放弃生命。这种理由有时很大，可以承担历史的责任。比如，敦煌莫高窟，就是由那些无名的大师们一代一代开凿并彩绘的。老一代人死了，少一代又接续了，一代一代，不定经历了多少年，才有了今日的格局。这便成了那些人活的理由。这一点，跟我用二十年生命写反映一家农民命运的《大漠祭》《猎原》《白虎关》是同样的性质。

敦煌人的人文性格以“安分”为本。十几代务农为生者比比皆是，一抔抔掩埋了一个个安分守己的灵魂。

一代代敦煌人沐浴的，是敦煌文化独有的营养。最具代表性的，是一部叫《吕祖买药》的变文，它以神话故事的形式，从始到终都写了一种和平智慧，吕洞宾向药铺老板——其实是观音所化——买四种药：父慈子孝家祸散、兄宽弟忍顺气丸、妻子贤良消毒因、一切随缘化气丹。那么，如何制造这四种药呢？用本分——为人要本分——四两、孝顺——为子要孝顺——三钱、老石头——做人要实在——做个引子、好肚肠——做事度量要大——放上一条，将此四般药材放到“容人案”上切——意思是要宽容，放到“宽心锅”里炒——还要将火心盖住，放到“三思”箩儿里箩，如此等等。这类制药的过程，就是教化人的一种方式。千年来，渗透了佛道和平理念的文化一直这样教化着，敦煌人的心态就变了，他们就会变得爱好和平，不爱争斗。在敦煌人眼里，所有的罪恶中，杀戮是最缺德的事。

敦煌人从来不欣赏“赵氏孤儿”那样的复仇故事。他们津津乐道的，总是那承载着大善的佛经故事，并将它们以壁画的形式定格了千年。他们总是说：“冤家宜解不宜结”“得饶人处且饶人”。敦煌人知足常乐，没有侵略性，没有排外性，任何人到敦煌都能生活得很好，他们甚至可以活得比当地人更好，敦煌人不会忌妒他们，反倒对他们有种由衷的同情。也正是因为这一特性，那些盗宝者才每每得逞于一时。

敦煌人讨厌暴力，爱好和平。敦煌文化中渗透了和平理念。被和平理念熏陶了几千年的敦煌人骨子里是看不起那种被称为“智囊”的人，称之为“软蛆”——就是那种在屎尿里乱滚的苍蝇的卵。敦煌人对文化是相当尊重的。他们宁愿用土块擦屁股，也不会把有字的纸当手纸。农民们修建房屋时，都会在庄门上面放上书。他们对文化有一种由衷的敬畏。

所以，敦煌人对于商场的那种血肉混飞很是厌恶。他们想，穷了穷一些过吧，何必像瓶子里的毒蜘蛛那样你咬我，我咬你。他们知道，无论咬出个啥结果，输了的，最后是一个棺材结账；赢了的，同样也是一个棺材结账。你折腾上个“公家”人或当官的，也不过将那棺材变成“骨灰盒”而已。

他们说，争来斗去，真没意思。

白龙背上的舟曲

1

在我的印象中，舟曲真的很美。

我是2003年8月到舟曲的。那时，打算重写长篇小说《西夏咒》，为积累素材，我就在甘南州挂了职，任文联副主席。一年时间里，我以流浪的形式跑了甘南的许多地方。

甘南多草原，许多地方可以放马驱驰，所以，总有一种辽阔和苍茫的情绪陪伴着我。后来，这甚至成为我小说的一种基调。此后出版的《猎原》和《白虎关》，便明显有种戈壁草原的神韵。

但我一入舟曲，却感到扑面而来的另一种色彩。不到舟曲，你想不到甘肃还有这么美的地方，难怪有人称它为“藏乡江南”。舟曲真有种江南的灵秀呢。

在藏语中，舟曲是“白龙江”的音译。这儿是白龙江中上游，江水如练，扭绞而来，在群山间扭出无穷的灵性。那壁立千仞的峭壁，那绿如凝翠的森林，那奇幻万千的云雾，那时不时便飞过或掠过的奇珍异兽，总让我有种梦境的感觉。

在甘肃，这儿真的太“另类”了。我生长的河西，山皆荒焦，草木稀罕，少有润色，但舟曲却像人间仙境。从明朝起，这儿便有了“西固八景”：仙洞活水、南山笔架、北峰古刹、驼岭水障、露骨积雪、东岩晚照、通泉沃壤、瀑布飞流。瞧，只观其名，便能激活无穷的想象呢。

有人用一首诗概括了舟曲的形胜：“南北亘三山，峰峦入云烟。谷深河川秀，望山不见天。”贯穿全境的是西秦岭和岷山。境内多珍奇动物，如熊猫、羚羊等等。

舟曲多水，多木，多绿，多鸟。每日清晨，我总是被鸟鸣吵醒。空气是绿色的，吸一口，五脏六腑便透亮了。在舟曲的许多地方，都有着跟别处不一样的风情。这儿有藏人，但却跟甘南的藏人不一样。这儿有汉人，但那口音风俗，却明显异于别处。

那时，谁也想不到，一场特大的泥石流会在日后的某一天卷向舟曲，会有上千人死亡，数百人失踪。更想不到，它会牵动共和国的神经，国务院还定了全国哀悼日。

其实，在舟曲历史上，这类泥石流并不是第一次光顾了，只是人们不愿记住它而已。

2

在几千年前，这儿便有了人类。春秋战国时，舟曲是白马氐与白马羌的地盘。这是两个不同的民族，后人多混而为一。对羌族，大家很熟悉，一句“羌笛何须怨杨柳”唱响了千年；对氐族，知者寥寥。后来，人们将“白马氐羌”称为“白马藏人”，引起学术界争议。事实上，这“藏人”的说法，只是新中国成立初才开始的事。

早在公元前116年，雄才大略的汉武帝就开始了“西部大开发”，除建立“河西四郡”以抵御匈奴外，也建了“羌道县”。这是舟曲第一次归属中央版图时的名字，归陇西郡管理。东汉时，羌道县归属武都郡。西晋末年，该地土豪宕昌羌建立了一个国家，起名为宕昌国，羌道县摇身一变，成了宕昌国属地，历经十代，到唐朝时，才重新归属中央。

不久，“安史之乱”的铁骑叩松了大唐的根基，驻守此地的唐兵只好后撤了，留下一个绝好的空当。吐蕃兵马乘乱杀来，占了羌道县，还顺便把笔者家乡凉州等地也占了。从那以后，陇右之地，遂改姓吐蕃，达三百余年。宋神宗时，才重新收复。此后，随着朝代更替，舟曲的建置也变来变去，像万花筒一样热闹。

1954 年，此地正式命名为“舟曲”，归甘南州管辖。

不过，舟曲农村的穷，同样令我震惊。

舟曲多汉人，少藏民。以农耕为主，牧民不多。

舟曲是全国扶贫县，有二十多个乡，多在山区，少有平川，多农少牧，山多陡峭。前些年，舟曲县城甚至很少看到自行车，因道路崎岖，骑车不便。

舟曲农民耕种的土地，多在山上。为了多些能撒种的地方，有些农民甚至从山下背土，背到山上，选个合适之地，用土填了那洼处，就能撒些种子。雨若是不大也不小时，就能滋润庄稼，有些收成，赖以糊口。要是雨稍大些，那辛苦背到山上的土，便会叫那泄洪冲下，形成泥石流。山上老有叫雨冲坏的土地。

也因为这儿老是有暴雨，那山间的沟壑总是很深，坡也越加陡了。

千百年来，从背土上山平地，到暴雨冲坏土地，也形成了一个个循环。许多人就这样老了。我去舟曲的时候，总能在山间碰到佝偻着身子的农民。在那美丽得很像童话仙境的山间，农民那佝偻的身影总是很扎眼。

后来，舟曲便成了全国扶贫县。昔日荒芜的南城外和广河滩，已建成了繁华的商业街市。人们还在历史上泥石流灾害频发区建起了楼房。这繁华，也成了今天泥石流灾难的隐患。

舟曲没有像凉州那样一马平川的沃野。甘肃其他地方常见的“旱”，在舟曲却很是稀罕。老见洪水挟了那泥土，滚滔而来，压房屋，埋庄稼。待得那烈日一晒，淤泥也能填平某些沟壑，造出一块平地来。现在舟曲县城的一些建筑，就坐在白龙江古河道的河漫滩上，其中好些地方，就是由洪淤冲积而成，北高南低，形似河湾泊船。

舟曲地处安多藏区的边缘，藏传佛教的色彩没有甘南的其他县浓。除佛教外，影响舟曲的，还有土著的苯教文化。苯教是藏人本有的宗教，崇尚自然，认为万物有灵。在这种文化熏陶了几千年之后，舟曲人是很少伤害自然的。于是，舟曲上游的白龙江森林公园里，便有了许多巨大的树木。笔者小说《西夏咒》中的某些环境就取材于以前的舟曲山林，其树枝茂密，林阔很大，宛若迷宫。一位老人讲它时，一脸憧憬之色，像怀春的少年讲初恋的情人。

从二十世纪五十年代起，这儿的砍伐就开始了。当然，这砍伐多由林业部门行施。那战天斗地的豪情，冲光了笨教文化对自然的敬畏。许多不知长了多少年的木材，走出森林公园，走向西部诸地的木材市场。这种砍伐，一直延续到八十年代才被制止。

从卫星地图上看去，昔日的绿龙，有许多龙鳞不见了，快变成白龙了。

因欠账太多，舟曲原本苍翠的山林，已发生了很大变化，由于乱砍滥伐，这里植被已萎缩。二十多年，当地政府虽加强造林，但那刚刚成活的小树苗，总是挡不住啸卷而下的泥流。

自那后，雨只要稍稍大一些，便能发现泄洪裹来的泥流。笔者在《西夏咒》中描写了这种状况："于是，山崩地裂，千百万野马般的水头涌了出来，扑向空中。水头发出怪啸，宛若雷声。只一下，就将那羊倌冲入石壁，变成历史"，"大水席卷而下，首先卷没的，是争斗的汉子们，然后是村子、驼场、人间的一切"，"正是堵在金刚家河中的那道坝，汇聚了足以毁灭当地人类的大水"，"无论是传说还是预言，结论都一样：能毁灭金刚家的，就是那不期而至的大水"。

一切，都惊人地相似。

在这个全国哀悼日里，愿我们哀之，更要鉴之，能真正敬畏自然，勿使后人复哀后人矣。

4

相较于泥石流，我更愿意谈谈藏人的婚礼。婚礼是孕育新一代人类的第一步。正如我在《西夏咒》中所说：“那掩埋了尸体的大地异常肥沃，插个脚指头，就能长出一条汉子呢。一代代过去，又会繁衍另一种人类。”

不过，在这一人生大事上，我看到的，仍然是生存的沉重阴影。

舟曲人禁忌很多，如要求男方比女方大，都说：“女大一，没饭吃。”瞧，他们最怕的，总是“没饭吃”。此外，对属相也有许多禁忌。

虽然禁忌很多，但舟曲文化里总有许多解决的办法：或是请喇嘛念经，或是请咒师作法，或是用祖宗传下的方法禳解。只要经过有效的禳解，照样能逢凶化吉、遇难呈祥的。

笔者参与过一次对夫妻属相不合的禳解：用七根绣花针，和其他镇物，在某个特定时辰，埋入洞房的地中央。此外，在结婚那日，待娶亲的车到来时，在门口放上水盆和火盆。新娘子下车时，先进火，后进水，再进人。这样，据说便“衣食无忧”了。

那儿的农民青年也会自由恋爱，只要条件差不多，父母总会成全的。父母认为的条件，主要是“能干”，长相倒在次要。老有人说：“丑妻近地家中宝”，“老婆漂亮是别人的妻，房子不漏是自己的家”，只要人能干，“上炕能剪几剪子，下炕能炒几盘子”，能种田、能酿酒、能织布，就成了。女方挑男方，也多以“能干”为主。

看得出，舟曲农村的婚姻标准，仍以“吃饭”为主要目的。相亲要看家道，要看健康状况，要看能不能耕地，会不会做买卖。这儿，生存和繁衍，总是头等大事。

考察之后，就要提亲了。提亲是一门艺术，无论男方或女方，都不能送货上门自我推销。要是贸然提亲，被对方拒绝，是很掉价的。所以，男方要找个两家都能说上话的长辈，先去探口风。待对方默许后，才能带着男方父母，备上哈达和青稞酒，在酒壶的盖沿上抹上三点酥油，到女方家提亲。这就叫“点酥”。《西夏咒》也写过它。

提亲者走进女方家后，要将酒放在供桌上，再介绍男方情况。这时，女方不能马上答应，不能显得迫不及待——人家的女子又不是嫁不出去。经过慎重考虑，要是同意婚事，女方就喝完那酒，在壶中装上粮食，再送到男方家。之后，再进行订婚——男方带着彩礼财物若干，正式上门，依次向女方长辈敬酒叩头，然后入席喝酒，互说吉祥话。这时，女方会提出彩礼的具体数目。

订婚是婚姻的重要仪式，双方不能轻易毁约。万一男方毁约，那订婚时给女方家的钱财就不要了，成了女方的遮羞钱。若是女方毁约，要分文不少地退了那男方的财物。

订婚之后是送婚，就是送上女方要求的那些彩礼。女方满意后，两家就会请喇嘛择吉日，举行婚礼。在迎亲途中，要是遇到背水或背粮食者，就很吉祥。要是遇见背空筐、抬病人者，迎亲者多会回避，更要请喇嘛念经，以消除灾祸。新娘到婆家后，那迎接她的下马垫，装的也是青稞、小麦和盐巴。

在这儿，最吉祥的东西总是跟吃食有关。

婚礼时间，长的达十多天，短的不少于三天。期间，男方必须准备大量酒肉饭菜，来款待客人。亲朋乡邻也会赠送酒、砖茶、腊肉、钱币等。这几日，客人们便能大呼小叫，放开肚子吃喝。每一户人家的婚礼，往往是全村人的节日。

在那种吉庆的气氛中，是没人想到泥石流的。虽然山雨一大，总会有泥流淌下，但那是心外的事。

好在经常有人结婚，一次次的喜庆，总是能冲去所有的不快和忧患。

几千年来，这儿虽然频发泥石流，但人类的希望，却总是随着那生生不息的繁衍，传递了下来。

天水的大地湾

天水，古称成纪，又名秦州，被誉为“塞外江南”。范长江曾说：“甘肃人说到天水，就等于江浙人说到苏杭一样，认为是风景优美、物产丰富、人物秀丽的地方。”

天水可写之处极多。天水出美女，在《丝路花雨》中跳敦煌乐舞的演员，据说多是从天水选的。到国外演出时，被老外惊为“天人”。还有那麦积山，位列中国四大石窟之一。于佑任叹其“艺并莫高窟，文传子玉山”。麦积山以精美的泥塑艺术闻名中外，被誉为“塑像大展览馆”。它建于公元384年，经十多个朝代的开凿重修，体现了千年来雕塑艺术的发展和演变。

天水地灵人杰，名人极多，如汉代的飞将军李广，如三国的姜维，如近代的邓宝珊，如当代文艺理论家雷达……总之，历代的天水人中，皆不乏当世之秀。

天水被称为“羲皇故里”。相传，人类始祖伏羲就诞生在天水。如《帝王世纪》称：“华胥履大人迹于雷泽，而生庖牺于成纪。”文中的“成纪”，学者多认为是天水。而那“庖牺”，亦称“包牺”，便是伏羲。

相传，正是在天水卦台山的画卦台上，伏羲画出了揭示宇宙奥妙的八卦。《易·系辞下》称：“昔者包牺氏之王天下也，仰则观象于天，俯则观法于地，观鸟兽之文与地之宜，近取诸身，远取诸物，于是始作八卦，以通神明之德，以类万物之情。”

伏羲被认为是点燃了中国文明圣火的人。他的文化创造，散见于诸多史籍之中。《三皇本纪》称“伏羲以龙纪官”，建立了严格的社会组织及管理分工；《易传》称他“作结绳而为网罟，以佃以渔”；《周髀算经》称他作历法，以定天地之位；《绎史》称他“钻木取火，以熟食”；《三皇本纪》称他“造书契”，以记录文明；《古史考》称他“制嫁娶”，以礼俗规范行为；《帝王世纪》称他“尝百药而制九针”，发明针灸医药；《三皇本纪》等书称他“作瑟”“作箫”“为琴”“为埙”，发明了乐器。

有趣的是，天水的传说中，伏羲跟女娲是兄妹，他们出生在天

水秦县大地湾的女娲沟。为了繁衍人类，他们兄妹成婚。这在中国艺术中有相应反映，如“伏羲女娲交尾图”就源于这一传说。他们人首蛇身，盘扭在一起，象征了某种神圣的仪式。在天水，这类传说颇多，如《伏羲降生》《兄妹成婚》《羲王歌》等。

有趣的是，那史籍中的记载和众多的传说，竟然跟一次考古发现契合了。

1958年，考古界发现了天水秦安大地湾遗址。1978年，考古人员开始挖掘遗址，掘出新石器时代的房屋二百五十座，陶窑四十座，灰坑三百四十个，排水沟八条，墓坑七十九座，总面积达一百一十万平方米。此外，还发掘出近万件文物，它们记录了生活在母系氏族的祖先们的生活。先民们打石成形，磨骨成器，并钻孔安柄，制成农具和武器，成为农业文明最早的奠基人。他们有着高度的智慧，竟然用精调的泥巴制成了彩陶、杯、碗、盆、瓮等几十种器具。

根据C14测定，文物的最远年代距今约七千八百年，最晚近四千八百年。也就是说，这个小小的大地湾，竟记载了人类七千多年的历史。尤为惊奇的是，那些房屋，有单间、套间、厅堂等多室住宅结构，反映出当时人际关系的秩序化和习俗化，且俱足了后来中国传统土木建筑的神韵。时至今日，用铁器叩其地面，仍铿锵有声，如叩混凝土。经测定，其强度相当于100号水泥沙浆所筑。

遗址中，还发现了地画，长 1.2 米，宽 1.1 米，用炭黑绘制。画中有一男一女，还有动物。男子健壮，女子丰腴，比例既符合人体比例，且神态和内心均跃然画上。经测定，此画距今约七千年，是迄今为止发现的世界上最早的绘画之一。

正是大地湾遗址，验证了关于伏羲和女娲的许多传说。那儿的记事符号，是世界上最早的文字雏形；那儿的遗物造型和纹饰绘画，反映出世界上最早的原始宗教——神灵崇拜、灵魂崇拜、图腾崇拜、祖先崇拜、生殖崇拜；还有许多发现，均为历史之最。

因为大地湾的发掘，许多学者认为，伏羲的出生地跟天水的大地湾有着密切的关系。

为了纪念伏羲，天水建有伏羲庙，此庙在明代便成规模，经历代修葺，已成为具有明代建筑风格的建筑群了，它整肃宏伟，布局严谨，有缘前往天水的朋友，是可以看到它的。

定西的贫与富

甘肃著名的贫困地区，多为黄土丘陵沟壑，降水稀少，自然条件很严酷，有“十年十旱”之说。因地处青藏高原和黄土高原挤压形成的山区地带，土质差，石质不好，多自然灾害，号称“自然灾害博物馆”，除了无海啸和火山爆发外，其他所有灾情均曾发生。清朝末年，陕甘总督左宗棠称“陇中苦瘠甲天下”。1983 年，某专家组经过考察，得出结论，说定西不适合人类居住。

1988 年 5 月，《人民文学》发表了麦天枢的报告文学《西部在移民》，其中有许多画面叫人触目惊心。后来，杨显惠又写了《定西孤儿院纪事》。此后，定西的“贫”更是广为人知。

不过，定西的富，却知者不多。近年来，许多文人将目光转向定西，不是怜悯它的“贫”，而是瞅中了它的“富”。

定西的文化，确实是惊人的富，比如，彩陶、剪纸、皮影、洮砚……其任何方面，只要一挖掘，便会挖出一个文化宝库来。在我的小说《无死的金刚心》中，有个形象的比喻：这是一块肥沃的土地，你只要用力拽那个露出地面的“指头”，就能拽出一个有着喷薄生命力的“汉子”。

定西在甘肃东部，现为地级市，辖定西、通渭、陇西、临洮、渭源、漳县、岷县七县。定西的土豆很有名，各县也均有“绝活”，如陇西的黄芪、渭源的党参、通渭的红豆草、岷县的当归……均是中药上品。其民间文化，更是丰富多彩，叫人目不暇接。

定西地处甘肃中部，靠近兰州，古为禹贡雍州地，周属西戎，战属秦国，置陇西郡。汉承秦制，三国归魏置秦州。此后，地盘虽时大时小，州治虽时有迁徙，但其作为陕甘一带的政治、经济、文化、军事中心的地位，却一直没动摇过。

定西历史悠久，有新石器时代的仰韶文化、马家窑文化和青铜器时代的齐家文化、寺洼文化、辛店文化等遗址。它更是唐朝李氏家族的发祥地。“天下李氏出陇西”，像李渊、李世民、李白等人，均自称是陇西人。时下，虽然各地都在争李白故乡，但李白却自称是陇西人——当然，这是大陇西。陇西李氏的源头，可以追溯到老子李洱及其祖先。据统计，散居世界各地的李姓人数达一亿三千多万，以此缘故，定西遂有“陇西堂”，以供海内外李氏同胞寻根祭祖之用。

在定西，广为学界所知的是马家窑文化。时下，吸引了许多文化人眼球的，也是马家窑的彩陶。那些彩陶，花纹精美，古风盎然，极具收藏价值。它们像鱼饵一样，将许多有名的文人“钓”向定西。只要踏中“路数”，来者大多会不虚此行的。我熟悉的一位收藏家朋友，其藏品多来自定西。他的藏室像一家博物馆，盛满了古香古色的彩陶珍品。在定西街头，我们老是看到有人在挖牛九牌、猜拳喝酒，或是唱秦腔。那些看起来土眉土样的汉子，说不定家中就藏着珍贵的彩陶呢。

马家窑位于黄河上游的临洮马家窑，属新石器时代中晚期，距今约四五千年。二十世纪二十年代，瑞典考古学家安特生发现了马家窑彩陶。此后，马家窑彩陶就一直是学界争论的热点，有人说它源于本土，有人说它来自西方，各有论据，争论不休。

马家窑彩陶独具特色，自成体系。它多为泥质红陶，质地细腻，呈橙黄色和土黄色，主要器形是盆、钵、碗、瓶、罐、壶等。它多用明亮的黑彩，在打磨光滑的陶底上绘出多种纹饰，或草叶，或波浪，多流行漩涡纹和弧边三角纹。其风格，影响了周边地区，终于形成了举世闻名的马家窑文化。

相较于其他出土的彩陶，马家窑彩陶更显得丰富多彩。它多是细泥陶，多大口径器物和夹砂炊器，其外壁和口沿皆有花纹，繁缛多变，细腻奔放，无论是陶器烧制，还是绘彩技术，均显得非常成熟，极有价值。那富丽神秘的图案，不乏异域色彩，加上多变的造型，流美的线条，饱含文化意蕴，令许多专家叹为观止。

马家窑彩陶数量大，多陪葬陶器，因深埋于厚土之下，方能完整保存至今。它上承庙底沟文化，下启齐家文化，是仰韶文化晚期的一个分支。

马家窑文化是中国史前文化的高峰，它不仅承载了中华民族史前时期的众多神秘的社会信息、文化信息，还是中国画的鼻祖。其彩陶的绘制以毛笔为主，重线条，多黑色，奠定了中国画发展的历史基础和以线描为特征的基本形式。此彩陶被认为是中国画的根。据说，中国画的许多表现形式就源于马家窑彩陶，它是神奇丰富的史前中国画。其图案繁多，题材丰富，花纹精美，构思灵妙。那神奇的动物图纹，流畅而充满活力；那曼妙的舞姿恢弘而灵动，充满天趣；那几何形状和强烈的动感让整个彩陶像从远古而来的心灵之歌。它动若奔流千年的黄河之波，它静若禅定万古的高原黄土，它变若高天之上的流云，它劲若嬉戏于云端的游龙。其风格典丽，古朴，大器，浑厚。其想像力之丰富，超过了目前发现的任何一种史前远古文化。

马家窑彩陶是中国彩陶艺术的高峰，是取之不尽的艺术宝库。它的历史价值、文化价值和艺术价值，是任何现代艺术都不能代替的。

谈"一带一路"的文化支撑

最近，习近平总书记在党的新闻舆论工作座谈会上提出要"联接中外、沟通世界"，比他一直以来强调的"讲述好中国故事，传播好中国声音"更进了一层，在这个历史转型时期，尤显重要，非常有远见。

在我很小的时候，就有"欧亚大陆桥"的说法，也即西部的丝绸之路，从那时开始，中国政府就一直在寻找通往世界的一种可能性。2000 年，我的长篇小说《大漠祭》出版之时，也正是"西部大开发"的时候，很多人都在关注西部，了解西部。而今天，在这样的国际形势下，国家又提出"一带一路"战略，也属于一种重大的战略转移。可见，我们的政府已经不仅仅关注脚下的土地，而是要如何与时俱进地和世界接轨，如何和世界建立一个沟通通道。“一带一路”包括了陆上通道和海上通道，它远远超过了“西部大开发”，会让我们国家实现一种更大的发展和繁荣，实现真正的强大。

自我的新书《一个人的西部》出版以来，应人民文学出版社和一些大学、图书馆的邀请，我分别在北京、上海、天津、广州等城市进行了十多场关于“一带一路”为主题的系列文化讲座，和一些专家学者也进行过交流，其初衷就是，让更多人既要了解这种战略决策的重要性，能更深入地了解“一带一路”的文化意义和精神价值。

我在丝绸之路的重镇凉州生活三十多年，在海上丝绸之路开端的岭南定居八年，深知两路文化之深厚。在中央提出“一带一路”大战略之前，我就在《野狐岭》中写过这两种文化，我既写了路上丝绸之路上的骆驼客，也写了海上丝绸之路上的木鱼歌，这是两个少为人知的秘密世界，也是两个神秘的文化帝国。海陆丝绸之路文化里都有一种非常强悍的活性力量，有没有被西方文明污染的一种精神性的东西。它是中华文明非常宝贵的组成部分，是文化活化石，能直接作用于人类文明本身，从中我们可以找到我们中国文化的原点。在中国的历史上，丝绸之路文化和岭南文化每次进入中国的主流文化，一汇入中华民族的大家庭，便是中华文化实现振兴的一次契机，如注入强心剂一般，就会放射出非常夺目的光彩。

表面看来，“一带一路”战略的提出有政治、经济因素，但它背后还有深厚的文化意义，是历史文化与时俱进的产物。如果没有古老的深厚的丝绸之路文化，我们的“一带一路”战略就会成空中楼阁。历史是一面镜子，是为当代服务的。所以，我们谈历史的时候，既是回溯过去的一种辉煌，也为了能够在现在和未来铸就一种新的辉煌。无论经济也罢，政治也罢，其背后的支撑点是永远是文化。没有文化，就没有一个强大的民族。

撒切尔夫人曾说，中国没有强大的可以输出的文化。但事实上，中国有这种强大的文化，只是还没被世界发现和认可。我相信在未来，中国传统文化中的优秀基因会沿着“一带一路”走向世界，为世界所接受，为人类文明带来一种和平的基因。因为西方文化的过于强势和偏激，让世界充满了战争，充满了滚滚硝烟，也许这时候，世界更需要中国民族“中庸”“和为贵”“大一统”和“平天下”。它不是非此即彼、你死我活的，而是共荣、共存、共繁荣的一种文化，这是中华民族独有的特征。中华文化中的包容性、和平性、和谐性对这个世界非常重要，需要我们大力地弘扬和倡导。

岷山洮水间

1

岷县地震了。

这次地震发生前，我正在滨临岷县的卓尼采访。当地有很多藏民都在岷县租了牧场。不过，藏民的牧场多在岷县与迭部的交界处，离震中还有一段距离，卓尼人在岷县的牧场，就没受地震的影响。人们还能一如既往地放牧，但谁都感到了大地的震动。

网络上的新闻不断放出，各种感人的、惨烈的事件，在迅速传往全国各地。灾区的一幕又一幕，带着灾难降临时独有的血腥和温情，强烈地冲击着所有关注灾情者的心灵。这种冲击，总能让有心人更加接近生命最深处的真理。而此时，我的心里，同样充满了震撼、疼痛和无常的觉受。

此时，我最想做的，就是“定格”一些关于岷县的记忆。

我对岷县最早的记忆，是凉州乡村里常常光顾的那些乞丐，他们大多背个布袋，手背朝下，一见人就爷爷奶奶地叫，问乞讨的原由，他们就说庄稼叫冷子打了。冷子是西部人对冰雹的一种称谓。那时节，常见那些自称岷县人者，来凉州乞讨。妈对那些人，总是很热情，或是米，或是面，总不叫人家空着收回手。时间长了，我印象中的岷县就很穷，自个儿想来，它定然是荒山野岭，定然是十年九旱。后来长大了，去了岷县，才发现小时候对岷县的印象并不准确：那块土地，其实非常美丽。

岷县有山，也有水：山即是“更喜岷山千里雪”的岷山，水便是洮河。洮河水一直从雪山上下来，流经甘南，经过岷县，让很多地方的人受到了实惠。要是没有洮河，这块土地就不会有目前的这种成色。

这次发生地震的岷县和漳县，都属于定西地区。定西是全国著名的贫困市。我写过一篇文章，叫《定西的贫与富》，文中谈到：定西是甘肃著名的贫困地区，多为黄土丘陵沟壑，降水稀少，自然条件很严酷，有“十年十旱”之说。因地处青藏高原和黄土高原挤压形成的山区地带，土质差，石质不好，多自然灾害，号称“自然灾害博物馆”。除了海啸和火山爆发外，其它灾情均曾发生。清朝末年，陕甘总督左宗棠称“陇中苦瘠甲天下”。1983年，某专家组经过考察，也得出结论，说定西不适合人类居住。

不过，岷县却不像定西的其他地方那么荒凉。它山峦环抱，洮水东流，草场广阔，资源丰富，在定西，也算是一方富庶的沃土了。

岷县之所以相对富庶，除了其自然条件相对较好之外，还因为它的地理位置非常重要：它位于甘肃定西市的西南部，处于兰州、西安、成都三个顶点形成的平面正三角形的中心区，距省府兰州267公里，属洮河中游。青藏高原东麓和西秦岭陇南山地，就是在这片土地上接壤的。它还处于定西、天水、陇南、甘南等地的中心。千百年来，岷县的商旅往来总是很频繁，故有“旱码头”之称。藏地和汉地的许多货物散积，就是在岷县完成的。旧时的骆驼客们也很愿意到岷县，因为一到岷县，有多少货也会消化干净。现在，212国道贯通南北，306省道横贯东西，更能“西控青海、南通巴蜀、东去三秦”了。在这方面，漳县也不输于岷县，它也是古丝绸之路的交通要冲，处于兰州与天水之间，甘川公路穿境而过，漳武公路横贯东西。

这次地震，受灾最重的，便是岷县和漳县。

2

过去，兰州军区后勤部在岷县有一些国营牧场，八十年代末渐渐不办了，就留给当地人管理。那些草场质量好，面积大，也不贵，每年只需交上几千元的草场费，就能拥有自己的山头和草场。再加上甘南有些县的草场资源很有限，牧民时不时就会为争草场闹出命案，所以，一些有牛羊但没有好草场的藏民，便会赶往岷县，寻找自己新的梦想——我客居的村子里，就有不少人家的牧场在岷县，他们养了很多牛羊，有些人家，甚至有两三百头牛。

卓尼离岷县的草场相对较远，少则几十公里，多则上百公里，路也不好走，大多是山路。脚下的路，总是扭曲着伸向远方，再加上山石、水流、凹陷的地面，就会给人以看不到尽头的感觉。早年，人们总是骑马外出，但是养马不划算，人们就渐渐不养马，也不骑马了。后来去牧场时，有人就骑摩托车，有人则坐公交车。从卓尼到岷县的公交车每天只有两三趟，一来一往，差不多得一天时间。不过，从卓尼去岷县时，必然会路过一座座峡谷，触目所见，皆是绿色，那风景很是好看。在甘肃，这样的风景并不多。

到了牧场，你就能看到藏民在岷县的“新家”。它非常简陋，一般和羊圈、牛圈安置在一起，屋外有很多牛粪——在岷县的牧场

上，牛粪有大用。岷县的山上有好牧场，但森林少，所以牧人不像在卓尼那样烧木柴，多烧牛粪，而且牛粪还能糊墙——空气中就弥漫着浓浓的牛粪味。那房屋的墙是用碎石垒起的，然后再用湿牛粪和点泥土，在墙壁上里里外外裹上一层，一来保暖，二来挡风。屋顶就简易地搭几根木头，然后放块塑料的雨布。自然没有独立的窗户，为了透风，就将门口周边的区域用藤条、树枝编织起来。看惯了卓尼藏区那种木板装饰的房子，你就会觉得，岷县牧场的房子太过简陋，甚至不能遮挡风雨。但里外通透地看一遍，你又发现，整座房子都洋溢着原始的感觉。而且，房子虽小，却五脏俱全。平日里做饭、睡觉、放杂物、打酥油，都在这不到十平方米的空间里完成，自然会显得有些拥挤。等天冷时，为了御寒，主人还会牵入一些刚出生不久的小牛犊，那屋子，就变成了小家伙临时的家。那时，也就人畜共处一室了。

牧场附近，也有岷县汉人的村庄，主要种些农作物、蔬菜和药材。那些放牧的藏民和汉人也会有些交往，时间长了，藏民们就会说汉话了。从客观上来看，岷县就成了甘南藏人们的汉语和汉文化培训站。那些会说汉话的藏民，相较于不懂汉话者，就会有比较多的致富机会。甘南其他地方那些懂汉话的藏民，也多在岷县待过。他们说的汉话，多带着岷县口音。所以，提起岷县，很多藏民的语气，都很是亲切的。

岷县总人口约45万，全县有耕地62.75万亩，但草原面积达290.3万亩，水域面积22.6万亩，林地72万亩，牧草地217万亩。看来，甘南的那些藏民选准岷县来建牧场，是很有眼力的。

岷县也有一些当地的汉人放牧，但人数不多。由于放牧比较辛苦，无论风雨，都要劳作。除了跟牛羊上坡下洼外，还要挤奶、打酥油、熬奶渣啥的，喜欢清闲的汉人们宁愿在家里种点庄稼或药材，或是到外地去打工，愿意放牧者很少。

在采访中，我发现，无论在岷县还是藏区，单凭种庄稼是过不上好日子的，村里最好的人家，大抵有几种：一种是国家干部，月月有个麦儿黄，日子过得大多很好，有些人还在城里买了楼房；一种是有牧场的人家，庄稼地里的那些青稞或是别的农作物，只能用来糊口，虽然当地妇女常年猫了腰在地里苦，但一年下来，收成很是有限。所以，一些有人手的人家，就会养些牛羊。每日里，牧场的人干的活，大多是放牧、挤奶、打酥油和熬奶渣。一斤酥油的价格约35元，奶渣一斤15元左右，一头好奶牛，每年能产40斤酥油，还会有一些奶渣啥的。要是多养些奶牛，日子就宽裕些，所以，愿意吃苦耐劳的藏民，就多到岷县去建牧场；第三类人家，多经商，也跟岷县有关。岷县是青藏高原和黄土高原的连接点，其地理位置，跟凉州相若，是交通枢纽，无论藏地的货物进汉地，还是汉地的货物进藏地，岷县都是个重镇。

3

岷县历史悠久，古为禹贡雍州地，周属西戎，在烽火戏诸侯的故事中，想来也有岷县人的祖先。再后来，秦朝将岷县纳入了自己的版图。秦朝大将蒙恬曾率三十万大军北击匈奴，收复河南地（今内蒙古河套南伊克昭盟一带），修筑西起陇西的临洮（今甘肃岷县），东至辽东（今辽宁境内）的万里长城。自此后，岷县便归于大秦版图。到了西魏时，置岷州，以有岷山而取名。1913 年改为岷县。

东汉末年时，岷县出了一个大名鼎鼎的人物：董卓。董卓生性粗猛，多谋善断，最初只是驻守边塞的兵士，因勇猛能干，升迁为羽林郎，后当了校尉、刺史、太守等。黄巾起义爆发后，他奉命响应，镇压起义，渐渐拥兵自重。汉灵帝死后，大将军何进想铲除宦官，便私召董卓带兵入京。董卓入京后权势熏天，废黜少帝，立陈留王为献帝，自己当了太尉，进位相国，又纵兵在洛阳城中大肆虏掠，淫掠妇女，史书上称之为“搜牢”。此后，他排除异己，虐刑滥罚，招得天怒人怨。终而导致袁绍、孙坚等人于初平元年（190）兴兵讨伐。落败后，董卓焚烧洛阳宫庙、官府等，挟持献帝迁都长安，强迫居民数百万口随迁，使洛阳周边二百里内荒芜凋敝，不见人烟。最后，董卓为吕布所杀。

董卓的故事，因《三国演义》的传播而广为人知。另外，那个跟董卓有着密切联系的貂蝉，据说也是岷县人，列入中国“四大美女”。据清代无名氏《锦云堂·连环计》记载，貂蝉原名任红昌，精通西凉歌舞，才艺俱佳。若不是王允使了连环计，使貂蝉巧深入虎穴，反间了吕布，中国的历史也许会是另一个样子。

岷县的故事传说还有很多。相传道教武当派祖师张三丰，就曾因喜欢岷县的风水而来此修道。张三丰是元末明初人，曾一衲一蓑，云游天下。在《岷州志》中，有一篇叫《成祖赠张三丰制》的文章，证明他确实来过岷州。相传张三丰成道之后，广行善业，四处帮人。来到岷州后，他仍然给农家帮工，不收工钱，只求一饱。一天，他到了一个寡妇家割田，寡妇女儿前去送饭，提了一瓦罐山芋糊糊。张三丰狼吞虎咽吃完后，见还有粘在罐底的，就伸舌去舔，但罐深舌短，没能够着，直惹得那少女笑个不停。张三丰只好使个神通，像翻布袋那样，把罐子翻了过来，才舔了个干净。此后，岷州人才知道张三丰是个神仙，就将其住处称为“神仙洞”，后来有人塑了个张爷翻罐罐的塑像，焚香礼拜至今。这个故事里的张三丰，非常像我的小说《西夏咒》中的原型盘唐巴。后者也是使神通翻瓦罐后，才得到了女主人公的信任，进而发生了那段出世间的爱情故事。

在西部，有许多这样的故事。人们将神通当成了一个人得道的标志，这反映出当地人的一种对神力的崇拜。

这种对神力的崇拜也反映在岷县的湫神崇拜上。到了每年的农历五月，岷县十八路湫神就全驾出巡，进行巡游。自月初开始，中旬形成高潮，下旬结束。那些湫神有点像传说中的守方神，管辖着大小不一的地盘，辖域大者巡行三十余村，辖域小者也管十几个村。届时，各乡各村会有一系列的祭神活动，湫神巡行路线所辖村庄，村里就会祭祀，祈保平安，祈祝丰收。那些祭祀地点，也就形成了赛会，近域群众纷纷赶会，像过年过节一样。5 月 15 日，出巡湫神分头向岷县县城集中，在城南古刹集会三天。到了 5 月 17 日的午后，18 位湫神就依次登上城南二郎山，接受官祭。按照规矩，受祭的各路湫神，能领受官羊一只，由地方长吏或乡绅致祭。当天晚上，一部分湫神会在城区游行一番，一部分湫神返回农村的辖域继续受祭，也有部分湫神回到本庙，去尽职尽责地做那司雨看田的活儿。

这，便是有名的岷县湫神赛会。

4

岷县自古就是羌、藏、回、汉等多民族杂居区，悠久的历史和多民族长期共存的现实，孕育了丰富的民间文化。例如花儿、彩陶、剪纸、皮影、洮砚、巴当舞、罐罐茶……等等。文化意义上的富有，让岷县成了一块富地。在《无死的金刚心》中，我用过一个形象的比喻：这是一块肥沃的土地，你只要用力拽那个露出地面的“指头”，就能拽出一个有着喷勃生命力“汉子”。

岷县是“洮岷花儿”的主要发祥地。洮岷花儿自成体系，它质朴自然，敦厚隽永，历史悠久，流传很广，有多声部、多曲调的特点，是迄今世界上保持完好的、独特而稀少的原生态多声部民歌之一，自然就引起了国内外音乐界、史学界、社会学界的广泛关注，在中国文化史上占有重要地位。

笔者的长篇小说《大漠祭》《白虎关》中，都有我从洮岷花儿中汲取的营养。《白虎关》的所有章节，我都用花儿来命名。其中有许多精彩句子，都来自洮岷花儿。

“花儿本是心上的话，不唱时由不得自家。钢刀拿来头割下，不死就这么个唱法。”花儿是西部人的心灵之歌。我在《白虎关》

中写道:“花儿里有笑,是含泪的笑。花儿里有泪,是带笑的泪。”“一曲曲回肠荡气的花儿,勾起了一次次刻骨铭心的记忆。那唱音,有种动人心旌的魅力。那是带泪的倾诉,含笑的哭泣,顿悟时的超然,惨痛后的微笑。这便是花儿的魅力。它仿佛是一只神奇的手,从心里抓出那份生命的感觉,全部的放到了听者的心中,引起灵魂的共振。”

“洮岷花儿”有两种:一种是南路派花儿。其曲调简练朴实,自由舒展,旋律与当地方言和谐共振,按字行腔,演唱时多用假嗓子,男女同腔同调,起腔突爆,粗犷高亢,悠扬婉转,回环往复,具有原始的野性美。另一种是北路派花儿。此派“花儿”流布在县城以北的西江、中寨、维新等乡镇和县城西北的西寨、清水等地。这种花儿长于叙事,题材非常丰富,涉及到时事政治、劳动生产、历史传说、生活知识等,是岷县文化的百科全书。它结构严谨,节奏规整,旋律平稳,表情达意细腻而深沉,记录了这块土地上千百年来的得失兴衰。不过,在“洮岷花儿”中,影响最大的应该是“爱情花儿”。我的长篇小说《白虎关》的章节名称多选自爱情花儿,读时会让人有种肝肠寸断的感觉。

“洮岷花儿”一般以三、四句为一首,那些叙事花儿则由很多首三、四句组成的花儿组成。平时百姓唱花儿,或独唱,或对唱,或联唱,花儿会上多为歌手和腔唱答,形成了典型的多声部特色。

岷县境内常常举办花儿庙会，远远近近的百姓都会自发地来参加庙会。每年的农历五月十五，都要举办“二郎山花儿会”，该花儿会规模很大，游人商家皆会前来，观者如堵，人似潮涌，唱花儿的歌手多达几千人，听众可达10万多人。在岷县，花儿十分流行。据统计，只岷县境内的花儿庙会就有30多处。目前，洮岷花儿已被联合国列入人类非物质文化遗产名录。

5

除了花儿之外，岷县最有名的当属于洮砚了，洮砚与广东端砚、安徽歙砚同为中国三大名砚。笔者在卓尼县城，就曾领略过洮砚之美。那色泽，会美得让你不由得闭气。那雕工，美轮美奂，让人叹为观止。关于此砚的产地，目前有争议，卓尼人、岷县人、临洮人都认为洮砚是自家专利。不过，洮砚产自洮河流域当属不争的事实。那洮河，蜿蜒而来，穿越几个县，就留下了具有独特审美价值的那种洮石。

洮砚在宋代时就很有名，它以其坚润的石质、绚美的色泽和独特的工艺远近闻名。北宋诗人、书法家黄庭坚就说："洮州绿石含风漪，能淬笔锋利如锥。"近代书法家赵朴初曾写诗赞曰："西北东南辟砚田，精工方欲夺前贤。看教墨海翻澜处，喷薄风雷震大千。"

洮砚之美，先美在石。洮砚之所以名贵，首先也是因为那石料。洮砚石又名"鹦哥绿"，石质温润却又坚密，发墨快而不伤毫，滋津贮墨不干不腐。其塑刻时，因石造型，变化多端，巧夺天工。其色泽，绿翠雅丽，并以石表带"黄膘"者最佳，有很高的欣赏价值。

洮砚石多产于卓尼县洮砚乡喇嘛崖底。因其多在峡谷地段，河

水湍急，采掘不易，极为珍稀。其形其质，碧翠流波；淡艳适宜，秀润雅嫩。它既含山之秀色，又藏水之波晕，有“洮砚贵如何，黄标带绿波”之说。南宋赵希鹄在《洞天清禄集·古砚辨》中说:“除端、歙二石外，唯洮河绿石，北方最为贵重，绿如蓝，润如玉，发墨不减端溪下岩。然石在大河深水之底，非人力所致，得之为无价之宝。”

此外，岷县最值得说的，就是药材了，岷县盛产当归、黄芪、党参等，有238种之多，有“千年药乡”之誉。其中，以当归种植历史悠久、质量最佳、产量第一而闻名于世。岷县当归又称“岷归”，早在1700年前，就成为极为珍贵的贡品，被欧洲人誉为“中国妇科人参”。漳县同样盛产药材，有440个品种，主要有当归、党参、冬虫夏草、黄（红）芪、柴胡、板兰根等。其当归也属于“岷归”系列，驰名中外，年产量有5000吨左右。

上面所写的，只是我对岷县的一些记忆，它并不是岷县文化的全部。

要知道，岷县文化跟凉州文化一样，也是一座取之不尽、用之不竭的宝库。你只要扎扎实实地挖掘和研究，就定然能发现各种宝

物。我的这篇文章，只是一扇窗口，它能告诉你一些地震以外的事情，能让你发现这块深受地震之苦的土地，还有一些不会被地震打碎的东西。或许，因了我的这篇小文，会唤来更多的有识之士，去挖掘、研究，甚至传承那些连地震也毁不了的东西。这种东西，就是渗透在生活之中的文化。

在我很小的时候，就发现世界总是在不断地变化，我们留不住任何东西。我们唯一能做的，只有传承精神的火炬，把它传给下一代人。所以，我写“大漠三部曲”等书，就是想定格那些能温暖下一代人类的东西。正如我在《白虎关》题记中写的那样：“当一个时代随风而逝时，我抢回了几撮灵魂的碎屑。”当然，那些我抢回的碎屑中，也会有本文中谈到的岷县。

最让我幸慰的是，在岷县和漳县，还有许多东西，是地震等自然灾害毁不了的。这就让我们对这块土地多了一种由衷的敬畏。

遗落西部的文化“活化石”

前不久，美国 KTSF26 电视台派专人来采访我，采访专题为河西贤孝。

这“河西”，包括酒泉、张掖、武威。酒泉在河西走廊的西端。相传，霍去病大败匈奴后，汉武帝赐酒，霍去病不愿独享，遂倒酒于泉中，跟将士同饮，酒泉由此得名。

宝卷和贤孝流行于酒泉、武威等地，内容相似，多以讲唱的形式进行道德教化，劝人离恶趋善。据可靠史料记载，宝卷和贤孝的祖宗是敦煌变文，明朝初年就已十分成熟，流行于河西走廊，且波及到周围地区。宝卷人人可诵，贤孝则是盲艺人借以生存乞食的手段，类似于卖艺。后来，随着历史的积累和沉淀，宝卷和贤孝日渐丰富博大，浩如烟海，遂成为文化活化石了。名扬天下的敦煌学中，有许多内容就跟二者很相似。你很难说是谁吸收了谁的营养。

宝卷和贤孝作为一种文化，它保留了非常远古的历史文化。因为中国的正史很可疑，它只是一群史官写的，里面有好多被篡改了的、扭曲了的、隐瞒了的东西。而宝卷和贤孝是老百姓一代代用心灵传播的史诗。这种史诗，可能最真实地反映了历史的本来面目。

宝卷和贤孝是河西民间文化的载体。宝卷是显文化，它以文字的形式表现了出来；而贤孝则是隐文化，它更多地存在于艺人的心中。正统的庙堂文化可能因为一些学者的思想局限，其好恶影响了其取舍，文化信息可能会因此受到损失。但民间文化则不然，它能最真实地反映出历史文化的全貌。河西文化是一种全息文化，中国传统文化的几乎所有信息，都会在河西文化中有所反映。河西文化的重要载体之一就是宝卷和贤孝，从中能反映出中国民间文化的许多本真的东西，研究它们有着非常重要的意义。

好多人认为汉族人没有史诗，宝卷和贤孝在某种意义上来说就是我们汉民族的史诗，从春秋战国到解放大西北，对这几千年的历史长河，宝卷和贤孝都有反映。那一部部宝卷和贤孝，就是中国汉民族的史诗。但宝卷和贤孝与正史有着本质的差别，正史多记载朝廷大事，宝卷和贤孝多反映百姓生活。比如，贤孝艺人唱出的解放大西北，决不是历史书中的解放大西北。书本上的解放大西北，只是一个历史事件。贤孝中的解放大西北，则是老百姓对解放大西北的看法、理解和感受，其中渗透了许多民间文化、民众心态和民间思维。它非常接近于心灵的真实。

可以说，宝卷和贤孝已成为文化活化石。随着当代媒体的越来越泛滥，这种活化石越来越稀罕，越来越显示出了它独有的存在价值。它的内容，包括了文学、哲学、历史、宗教、民俗、社会学、语言学等。它的曲目多如繁星，内容浩如烟海，没有哪个人敢说自己听过所有贤孝或诵过所有宝卷。它的内容比敦煌学更为丰富博大。

时下，酒泉宝卷已有文字出版，但贤孝却因为其载体是被当地人称为“瞎仙”的盲艺人，至今仍步履维艰。

贤孝的段子很长，有的得没日没夜唱十多天。其形式是，“瞎仙”抱着三弦子，边弹边唱，或散文叙述，或韵文抒情，其音乐，古拙质朴，如泣如诉。离开家乡的日子里，最令我激动的，就是瞎仙们为我录制的贤孝音乐。我常常能从嘣嘣的弦音中听出黄土地的呻吟和父老乡亲的挣扎，一种浓浓的情绪常使我泪流满面。写《大漠祭》的十余年里，贤孝的旋律，常萦在我的心头。在苍凉、悠远、沉重、深邃、睿智的贤孝声中，我走出了小村，走上了文坛。那弦音里苍凉的枯黄色，已渗入我的血液，成为我小说的基调之一。

老有人问我，为什么贤孝这样一个文化瑰宝，其载体竟是盲艺

人？我就告诉他们：任何时代都有诱惑，不同的时代有不同的诱惑，五色会令目盲，五音会令耳聋，外现的浮躁总能影响心灵的宁静，而致使智慧蒙上愚痴的污垢，而盲人因为目不能视，外界的干扰很少能进心，反倒更接近生命的本真。他们的心灵中更容易积淀一种智慧。经过一代代的积淀，几百年间，贤孝“阵容”便异常的博大了。

盲艺人视贤孝如生命。贤孝已成为他们的生存依托，而师徒间口耳相传的方式又尽可能地保持了文化传承，所以说盲艺人成就了贤孝。贤孝艺术正是依托盲艺人这个独特的载体，才穿越了几百年的历史迷雾，走到了今天。

非常遗憾的是，这种艺术至今仍没被人发掘。一批批去世的民间老艺人带去的，可能是一部部民间的“历史”。

在岭南回望凉州

1

有一次，我在某个城市参加论坛，发现许多名人学者都在夸奖它的经济成就，例如它有多么发达，发展速度有多快，在多短时间之内就能建起一座大楼等等。事实也的确如此。这个城市的现代化程度不亚于任何一个中国都市，甚至不亚于一些外国的大都市。这个城市深谙这一点，因此觉得自己代表了未来的潮流与发展趋势，遂有了一种强烈的优越感。但是，当一些人谈到西部农村的时候，却带着一种怜悯甚至鄙视的口吻与态度，有一种城市人对农村人的歧视。对此，我不随喜。

所以，当时我直接告诉他们，当南方人悲悯地望着西部的时候，西部人同样悲悯地望着南方。我们不知道他们走向哪里。因为，他们虽然富有、精明、时尚，但却不一定幸福。

实际上，很多大城市都存在着同样的问题。城市文明固然有其优秀之处，比如它积极进取，并且创造了巨大的物质财富，但它显然是冷漠和功利的。不少城里人喜欢用金钱、职务、地位来衡量自己与别人，以至于很多走向城市的人，包括那些原本非常优秀质朴的文化人，都会在不知不觉中迷失自己，变得越来越势利。他们仰慕成功者，面对弱势群体的时候，即使有着一定程度上的同情，或者有所谓的“人文关怀”，但仍然是势利的。因此，他们根本就不可能平等地对待成功者与弱势群体。

我发言的时候，有个女人很生气，她站起来说，我们以奉献为乐，不像你们那些农民，吃碗稀粥就满足了。我说，是的，你们对社会有贡献，但农民也贡献了很多。别忘了，城里人创造的财富中，有很大一部分其实是农民工努力的成果。可是，城市人在面对这些农民的时候，有没有对其表现出一份应有的尊重与感恩呢？

我们的农村把最纯洁的女儿献给了城市，让她们的美丽点缀了都市的繁华。然而，她们回到农村的时候，却可能带着身心的巨创，遍体鳞伤。其中有些孩子，甚至把一生都给毁了。我们的农村也把最优秀的儿子献给了城市，刚进城的时候，这些孩子非常淳朴，身上散发着山花一样烂漫的乡土气息，充满了希望、向往和梦想。但是过了不久，有些人就变得满身铜臭，没有了淳朴，没有了怜悯，也没有了善良。他们用千金换不来的生命与激情，附庸了毒害全人类的铜臭。但城市对农村的伤害远远不止于此。

在凉州某个偏僻的所在，农民们你一担粮、我一担米地换来水泥等材料，好不容易修起一个著名的人文景点。谁知道，一个外地投资商看中这里的发展前景，就通过各种手段对其进行了掠夺。这些城市人拥有现代化的经营理念，拥有灵活的市场手段，还拥有当地政府针对外来投资的优惠政策，但农民们什么都没有。他们既没有文化，也没有与时俱进的观念，根本就无法保护自己的权益。所以，没过多久，这些城市人就吞没了农民们积累与奉献的成果。这样的例子还有很多。

然而，比这种伤害本身更加可怕的是，在城市文化的熏染下，一些农民子弟中的精英，竟然帮着城市人伤害自己的父老乡亲。他们明明知道农民的生活有多苦，农民的孩子想要实现梦想有多么困难，但是他们不为父老乡亲们说话，反而去讴歌既得利益群体和所谓的社会主流，甚至与城市人一起欺负处于弱势的农民父老。这些文化人坐在豪华的会议厅里，吃着山珍海味，远离弱势群体，谈论人文关怀，这是多么荒谬的场景！要知道，人文关怀不是谈出来的，而是做出来。没有实际行为，不关心弱势群体的困难与生存现状，就谈不上人文关怀。

放眼当今社会，你会发现，城市里很少有人关注底层老百姓如何活着，很少关注他们的困难与需要。各种媒体上都充满了俊男美女、明星大款的花边新闻，农民的利益诉求，社会底层的生存现状，少之又少。每一个占有大量资源的成功人士与文化人，应该记住，离开弱势群体的付出，城市谈何发展，谈何繁荣？所以，任何人都没有权力仗势欺人，也不应该忘记弱势群体。

2

在这次论坛上，我不但指出了城市文明的功利，还揭示了繁华都市的脆弱。

我告诉在场的人，这个世界上没有永恒的城市。若干年之后，海平面上升，城市就会沉入海底；要是爆发地震或者战争，城市也会变成一堆废墟。那个时候，城市能留下什么？除了物质与财富，我们究竟为人类贡献了什么？这个世界，整个人类，能否因为我们的存在，而多存在七天、七个月，或者七年？我们的文化能不能滋养人类的心灵，让每个人都活得更好，让社会变得更和谐？我们能

不能建立一种大自然抹不去的东西，影响下一代的人类？

我的这一追问适合所有的城市。

对这种追问，西部的许多地方可以肯定地回答：能。就算黄沙淹没了西部城市，抹杀了经济的繁荣，它也淹没不了西部文化，比如楼兰文化、西夏文明、敦煌莫高窟等等。再比如，要是凉州被黄沙掩埋了，凉州文化和我的作品也会留下来。

为什么呢？因为西部文化承载了一种有益于人类、有益于世界的智慧与精神。

西部老百姓是安贫乐道的，他们追求一种形而上的东西。在西部文化观照下，人们会发现，一切物质的存在都会过去，所以他们不执著什么，也不争夺眼前的利益，不追求短暂的欲望。他们更倾向于追求一种相对永恒的东西，比如佛国，比如利益众生等。这就是深厚的土地文化带给他们的一种智慧。

我举个例子：凉州老百姓的劳作不是为了发财，多是为了供孩子上学，让孩子们将来成长为对社会有益的人。我常听到一些人感叹，明年娃子要上学了，得弄些钱。他们之所以弄钱，是因为娃子要上学。他们很少有人想疯狂地发财。要是没有花钱的正当理由，许多人是懒得追逐金钱的。他们更愿意追求生存的理由和意义，包括演唱凉州贤孝的瞎仙们。他们是瞎子，靠听众的施舍生活，但他们自视很高，也活得非常充实、快乐。因为，他们觉得自己承载了世界上最优秀的文化，这就是他们活着的意义，即使这个意义不能让他们得到财富，不能让他们拥有更好的享受，他们也无怨无悔。在凉州，这样的人还有很多。

比如，凉州的鸠摩罗什寺在“文革”中被毁，建成了监狱，凉州人理智法师遂发愿要化监狱为道场，为实现此愿，他劳碌奔波了十多年。虽然他只活到了四十多岁，却留下了岁月毁不去的价值。

松涛寺的重建也是一个典型例子。该寺住持吴乃旦师父发愿重建道场，于是辛苦了几十年，通过化缘、做法事等途径积累经费，还打工搞副业。为了尽量多省点钱，他平时只吃些干馍馍，加上过度劳累，最终拖垮了身体。直到临死前，他才完成大愿。十来岁时，我就结识了吴师父，与他相交甚密，时时为他提供一点帮助。我亲眼见证了他的付出。

如果同样的事情发生在某些南方都市，人们关注的，首先可能是“修建道场对我有什么好处”“这里能不能成为旅游热点”“每年我能得到多少回报”，等等。如果得不到这些东西，城市人就不会为此花费金钱与生命。但凉州人不是这样。凉州人不会过多地考虑效益，故而更能建立一些无形的价值。

有形的价值会轻易被岁月毁坏，无形的价值却能依托人类的向往与传承，相对永恒地保留下去。可见，从历史的角度来说，无形的价值比有形的价值更加可贵。因此，我评价一家公司、一个企业家、一个社会精英是否成功的时候，根本不在乎他赚了多少钱，只关注他给这个世界创造了什么价值。

目前，很多都市拥有的，都是些很容易就会被毁掉的东西。例如，都市创造的巨额财富，一场金融风暴就能毁掉它；三个月盖起的一栋大楼，大自然三秒钟就能毁掉它——幸好，一些都市还有丛飞那样的人。

丛飞没多少钱，可是他远比那些只顾挣钱、不关心公众利益的富翁们更有价值。因为，他用自己的行为创造了一种向善的文化。当你把他的行为及其文化主张传播出去的时候，很多人就会被感动，也会去帮助别人，去创造美好的价值。就算他帮助的人里，有些人在利用他，但肯定还有很多人懂得感恩。那些人在感恩的同时，也会生起一种向往，拥有一种希望。因此，他们的心灵之烛就被点亮了，心里的阴霾也会渐渐消失，就会走出生命的困境，也学会帮助别人。他们也可能会传递给自己的烛火，再去点亮更多的人。同样道理，被他们点亮的人中，又会出现另一批人去点亮他们身边的人。就这样，一种美好的精神就会被一代代地传递下去。

我举个例子：我有个学生曾亲眼目睹人性最丑陋、最残暴的一面，但她没有堕落，反而一直向善。因为，在她陷入生命低谷的时候，有些人曾不计回报地帮助过她。这些人向她证明了，无论天多黑，星星都不会陨落。所以，她愿意像那些无私帮助过自己的人一样，帮助一些自己有能力帮助的人。这就是对大善文化的传承。凉州贤孝的传承，本质上也是这样。

我说过，贤孝的“贤”，就是做人贤良，与人为善，贡献社会；贤孝的“孝”，就是孝敬父母，尊重老人。这种美好的文化，在明朝初年就已发展完善，并且深深地渗入了凉州百姓的潜意识，为凉州大地带来了千年的和平与安宁。只要这种精神能传递下去，凉州贤孝这样的文化就不会真正死去。

这次回到凉州，我在街头发现了一件奇怪的事。一个有点疯气的女子举了石头在凉州街头砸车。她一边骂，一边砸车。她砸坏了很多行驶中的出租车和私家车，可怪的是，没人下车来去制止她或是谴责她。要是在别的地方，那瘦弱的女人定然会挨打或是挨骂，但凉州人懒得理她，仿佛懒得跟她一般见识。他们当然也很心疼自己的车，但他们无疑有着世上最超人的忍耐力。

那一幕，看得我目瞪口呆，对凉州人的理解更深了一层。我忽然明白了那句古谣：“秦川中，血没腕，唯有凉州倚柱观。”是啊，别人打战，是别人的事，凉州人只是倚了那柱子，看看而已。

也许正是因为这种超人的忍耐力，凉州才躲过了无数次足以毁灭凉州的战火。

3

也有人觉得，不会过多考虑经济效益的凉州人，是愚蠢和落后的。然而，这只是因为他们不能理解凉州人的心。实际上，虽然凉州人的生活水平比不上南方人，但他们确实是在享受生活。比如我母亲的种庄稼。我曾经劝过母亲，叫她不要种地了，劳作一年，也挣不了多少钱，但是她不听我的。她不管经济效益，也不管自己有没有损失，只管享受那份快乐和富足，享受对土地的依恋，享受土地带给她的慰藉与安全感。我的父亲也是这样。我曾经劝过父亲，叫他不要养牛了，养牛要花去很多草料和精力，随便一台播种机就能完成牛的工作，但是父亲不愿意。他只愿意享受养牛、养驴时的富足、快乐，从不考虑经济效益。

凉州人几乎都是这样。他们的心态很好，有结果也罢，没结果也罢，都改变不了他们的快乐，因为他们的精神世界相当富足。有时候，你发现某个凉州人自我感觉很好，但其实，在你眼中，他的生活已经捉襟见肘了，根本就没有你眼中的“快乐本钱”。凉州人不但在心态上知足，在行为上也相当知足。在行为上知足，就意味着他可能懒散、放逸、不思进取，缺乏奋斗的动力，因此难以改变自己的生活现状。他们跟功利的城市人刚好是两种极端。城市人——比如温州人、深圳人等等——大多积极进取，也极为重视结果，但

可能活得焦虑、浮躁、功利，不快乐。显然，这两种心态各有利弊。

如果每个人都懒散放逸，这片土地就很难发展；如果每个人都单纯追求利益，这块土地也不完美。要想成长，想进步，我们就应该扎根于厚重博大的文化土壤，从中汲取能放下的智慧，学会在心态上随缘，但是行为上仍需要积极进取。

我就是这样。家庭、土地、文化给了我很多营养，然而我并不拘泥于此。我绝不会把文化宝库变成文化监狱，让它桎梏我的心灵。对我来说，西部文化就像是肥料一样滋养着我，让我渐渐长成一棵大树——这棵大树不仅仅属于它原有的土壤，但它仍然扎根于这片沃土。每个西部老百姓都应该这样。挺直腰杆，把目光放得更远，不要局限于这块土地，不要坐井观天，才能成长。我看问题的时候，总是把自己放在世界与历史的坐标系中，因此总是看得很远。否则，我就无法突破传统和环境对我的制约，无法让心灵走向世界。

不过，从历史和人文的角度来看，凉州百姓的这种心态与品质，是很值得研究的。他们绝对不会过分地掠夺地球与环境。因为他们明白，一旦面临死亡，一切心灵之外的东西，都会变得毫无意义。所以，他们只想把握好现在，享受生命，过好每一个当下，不去期望将来，也不去期望更多的东西。我前边说过，只有儿子明年要上大学了，他们才会想到今年得多挣点钱。这说明他们不贪，只有在需要用钱的时候，才会想起找钱，而不会疯狂地积累财富，更不会掠夺别人的东西。在他们看来，别人的东西无论多好，都是别人的。陈亦新的母亲爱说一句话：“不是我的，你给我金疙瘩也不要。”凉州人很少去抢夺，甚至不去向往，他们只做好自己的本分。在这种智慧的观照下，很多凉州人都是哲人，每个人都有一个属于自己的心灵世界，都有自己不同的追求——这种追求不是物质层面的，而往往是灵魂层面的。显然，这样的一种生活态度，也正好被当代人抛弃了。

当代人只顾着追逐某种幻想中的未来，以至于迷失了自己。很多人对金钱与物质有着强烈的渴望，无休止地掠夺，不惜用生命、尊严、自由来换钱。无论做什么事情，他们的出发点都是某种利益，或者某个目的。他们最常说的一句话就是：我能得到什么好处？有好处，他们就会去做；没好处，他们就不愿意考虑，无论这件事对社会、对世界有多大的贡献，他们都可能毫不关心。你还会发现，城市人之间很疏离，也很实际。有时，一点利益纷争，就能让“朋友”反目为仇。许多人活得很累。一切都在挤压着他们的心灵。他们觉得自己总是得不到想要的东西，又总是害怕失去自己拥有的东西，心中就充满了不安。但凉州人不是这样。凉州人所有的行为，都是为了快乐。能力大一点的人，就享受大一点的快乐；能力小一点的人，就享受小一点的快乐。前几天，我们几个朋友聚会的时候，喝点小酒，吃碗凉面，唱唱歌，大家就觉得很快乐。就算只能喝上

一碗米汤，凉州人还是会觉得快乐。这样的安宁、快乐与坦然，对于城市人来说，就像是一个无法企及的梦——美好，但不真实。

当然，假如凉州人在知足的同时，像南方人那样积极行动，不断吸纳各种文化中优秀的东西，他们的生活就肯定会得到改善，他们所承载的文化，也很可能会更加接近时代，更加接近世界。这肯定会促进西部社会的进步与发展。但问题是，如果真的接近了时代、接近了世界，甚至走在时代前列的话，凉州人就很可能会失去现在的幸福。因为，人们看到的东西越多，欲望就越大，痛苦也越多，他们绝不可能变得更快乐。

我举个例子：一个人从来没有去过欧洲，不知道欧洲有那么好的环境，那么好的福利，所以觉得自己活得很好。可是有一天他中了大奖，去欧洲旅游，结果发现自己的生活原来很糟糕。回来后，他就一直郁郁寡欢，为自己不能移民到欧洲而感到烦恼。所以，城市人觉得经济上进步了，就会生活得更幸福，但事实未必如此。很多时候，幸福与经济都是不对等的。而走在世界前列，同时保持农民般质朴的心态，也只是一种梦想和期望。所以我觉得，如果没有那么多媒体、网络、时尚文化对凉州的干扰、冲击和污染，当代凉州人的心态或许会更加富足。

在过去的千年来，凉州人一直非常富足地活着，我并不觉得这种文化是落后的。相反，许多南方人理解了这种文化后，都会觉得很清凉。因为，南方人总是在关注自己没有、别人却有的东西，无论得到多少都不满足，也不会感到快乐。所以，当我走出西部，把西部文化中的那种质朴的智慧展现在世界面前的时候，很多人都很吃惊。他们根本就想不到，在偏僻的西部，竟然藏着这样的好东西——无论在上海、北京、广州，还是在罗马尼亚、法国，我都遇到过一些认可这种文化的人。有兴趣的朋友，可以在《光明大手印：实修心髓》中找到相关的记录。

以是缘故，当你从这种看似落后的文化中提炼出精髓，将其弘扬出去时，它就会利益这个时代，利益整个世界。

许多年以来，凉州文化一直少有人问津。一方面，是因为外地的专家学者习惯了城市生活，不愿意在西部的沧桑中挖掘这种清凉的文化；另一方面，就连凉州人自己都不了解凉州文化的优秀之处，更不知道凉州文化的当下意义，无法让其在世界舞台上大放异彩。

我的作品中承载了凉州文化的诸多东西，被一些人视为瑰宝，但凉州人不一定这么认为：第一，凉州人不把本土文化当成宝贝；第二，凉州人的天性中有一种非常复杂的东西。一方面，他们精神

富足，安分守己，自得其乐，不求进取；另一方面，他们把不甘心如此的人视为异类。就是说，一个人要是足够优秀，足以成为社会的精英，而且他不再安分守己，而去积极进取时，凉州人就会对他进行排斥和挤压。

我在《凉州与凉州人》中曾谈到凉州文化的“包容”，但凉州人包容的对象，仅仅是外来文化和外来人，并不包括凉州人本身。在这种文化氛围的影响下，凉州人能够允许温州人比自己富有，比自己优秀，但绝不允许自己的群体中出现一个非常拔尖的人物。我打个比方，一群绵羊可以允许狼或狐狸生存在自己的周围，但它们绝不允许群体中出现一只非常突出的绵羊。

我举个例子：温州人是功利的，但同时他们又有一种认可强者的胸怀。每一个温州的群体，都会合力推出一个代表，然后这个人就会成为群体的领袖或者标志性人物，代表这个地域、这个群体、这个行业去角逐世界。可是凉州没有这样的代表。

凉州不是没有优秀的人物，而是这些人奋起之后，又很快倒下了。一些人为凉州做出了很大的贡献，但凉州人中买账者却不多。很奇怪。凉州人甚至把当地的杰出人才编入顺口溜，跟一些疯子并列，来糟践。当代的凉州人中，在政治上取得成功者非常少。

这些优秀人物在吸纳了世界的营养之后，总会用自己的收获来回报这片大地，但与此同时，他们又会受到来自乡亲们的集体挤压。

因此，凉州的优秀人才只有离开家乡，到外面的世界去发展，才有可能成功；如果他们留在家乡，就根本走不下去，还会渐渐在凉州人的群体挤压下窒息而死。这导致了留在凉州大地上的人中，难有特别优秀者出现——无论在政治上，还是在文化上。掘凉州人祖坟的，都肯定是凉州人自己。我的小说《白虎关》就谈到了一个掘坟的故事，而且这个故事是真实的，它就发生在凉州南乡。

以前，我不想离开家乡。因为在这样的一个时代，你不管待在哪里，都可以随时跟全世界沟通。而且，我去北京和上海的时候，总觉得自己像气球一样飘在半空，没有根基。只有回到家乡，我才觉得自己活得踏实。另外，我一直有个想法，希望自己活着的时候能为家乡写出最好的书，将来死后，我的坟墓还会成为一个景点，继续为家乡带来利益。但是，这个想法后来就变了。不是因为我不爱家乡了，而是因为我更爱了。我实在耗不起生命了，在广州，我自己不出面，顺便安排一个学生，就能批下一个研究院。但在凉州，我亲自出马，找朋友、托关系，跑上多次，却批不下一个学校。要知道，我曾在教育局工作过十年，现任局长是我多年前的同事。我办事都这样，何况一般人。只要你要办事，就觉得自己耗不起了，毕竟，生命对于我们来说，只有一次。

因此，我决定走到外面去，换一种活法。就像一个孩子汲取了大地母亲的精华，成长为雄鹰之后，就要去更高更广的天空展

翅飞翔。

在凉州，你常常会发现一种两难的尴尬。一方面，政府老是喊要引进人才；另一方面，本地的人才却得不到关爱。我的许多朋友，都很杰出，若在南方，定会成为一流专家，但却大多不得志，若不“人挪活”，就只能老死僻壤了。政府虽也引进人才，想“不拘一格降人才”，但引进的人才，可能有名牌大学的文凭，但是否真的是人才，能否真的扎根凉州造福凉州，还是未知数。曾有人想引进研究我的一位复旦大学学者，那学者笑道，我因为研究雪漠老师，倒是想到凉州来，但问题是，我来了，他却已走了，我就失去了来的理由。凉州有很多值得研究的文化，比如贤孝，有人专程到凉州来研究时，文化广场上的贤孝却叫人“重拳出击”了。他甚至见不到那些艺人了。这是叫人深思的事。凉州虽搞过许多次旅游节，花钱不少，但可惜成效不高，因为缺乏高端人才的策划，除了在当地搞点响动，在外面几乎没有任何影响。但凉州的一些文人，仅仅他自己的一些行为，就能在社会上造成很大的影响。我有几位文人朋友，在全国影响很大，但在当地，他们是没有话语权的。能够有权力搞“节”和搞文化产业的人，其实是不一定真的懂策划的官员。所以，每次旅游节上，请来的，大多是官员。这一切，都变成了另外一种向上级汇报的形式，很难产生实际的社会影响。

每次回凉州，见到一些朋友，我都会惋惜不已。他们大多有真才实学，却闲在凉州，真可惜了。我曾在一篇文章中感叹过这种现象：许多人踩了千里马，却仍然在翘首远望，呼唤良马。韩愈于是叹道："千里马常有，而伯乐不常有。"不过，这千古之叹，只对了一半。另一半是，伯乐的眼睛也雪亮，可他明知你是千里马，偏当个毛驴使唤，你能奈老子何？所以，在这里，很多人想做事，总会觉得寸步难行。但你要是混日子，却是非常容易的，到处是茶屋，到处是麻将，生活成本低，不觉间，就老了。

近来，我发现，凉州也已经老了，它被这个时代抛下很远很远了。我和一些相对优秀的凉州人对话时，也会发现，他们跟时代隔得很远。那时，我总是想昏昏欲睡，总是懒洋洋的，总是想跟一些朋友聊天。平日里无所事事，一办事，却总是觉得寸步难行。我只好选择客居在广东，一边体验另一个世界，一边继续那种离群索居的闭关生活。在岭南，我可以思念凉州，也越加思念一些朋友。正是在这种回忆中，我的凉州再一次复活了，也越加爱家乡。虽然，我有时也会说凉州的"坏话"，但有识之士总能从我的文字背后，读出我对家乡发自内心的爱来。爱之深，才会那样。我想告诉家乡父老：不要害怕改变带来的阵痛。只要立足传统文化，汲取东部的先进理念，丰富心灵，开拓视野，未来就会改变。

这次从凉州回到岭南时，我将所有关于凉州的资料带到岭南。我明白，自己的根还在凉州。我还要扎根于这种文化，热爱这种文化，熟悉这种文化，但是我的树枝可以随意摇摆，呼吸来自各个地方、各种文化的新鲜空气。这样，我才有鲜活的生命力。

5

我说过，改造人文环境，完成灵魂重铸，是文学义不容辞的责任。在我的文学创作中，在这方面费力最多。

如何改造人文环境呢？

第一，要改变心灵。我们可以知足常乐，但我们的眼光必须跳出小小的生活环境，上升到更高的境界，让自己拥有更大的坐标系，拥有更高的人生追求。然后，用一颗包容的心，不断汲取外来文化中非常优秀的东西，让自己的心变得更大。

第二，要转变观念。一位凉州官员曾经提出过一个很好的理念：改造人文环境。凉州人不但要发现自己的宝贝，同时也要发现自己的毛病，知道自己为什么总是发展不起来。只有发现自己，超越自己，在心灵上摆脱历史文化的桎梏，上升到一个更高的层面审视自己、审视这种文化，才会知道未来的路应该怎么走。这一点，仅依靠政府的力量是不可能实现的。要想真正地改造人文环境，需要一些优秀文化人的参与。

例如，凉州曾有个很好的项目，叫做“阳光温室”。国家投入了很大的力量，却遭到了农民的抵制。因为，农民不知道这个项目到底好在哪里，说明当地政府对农民的教育工作还做得不够。政府在推进该项目时，没有同时注入一种文化力量。单靠行政力量时，就会引起农民的对抗。

我再举个例子：“文革”时期虽然有诸多“左”的东西，但你不能否认，当时的文化传播非常有效，因此老百姓才会那么快地接受了某种理念，产生了巨大影响。我们当代的文化力量，远远没有达到那个时代的文化对人们心灵的覆盖、熏陶及改变——当然也是扭曲。但我们不妨思考一下，为什么当时的文化传播能产生这么大的影响？其中有没有当代可以借鉴的地方？好多方法与手段，仅仅是方法与手段，它们本身无所谓好坏，其属性取决于传播的内容与使用者的心态。所以，我们在批判其中诸多负面的东西时，是不是能汲取一点能启发我们的东西？当然，我这里说的是“启发”，并不是要捡起那时的尿布，再去熏臭当代人的心灵。

一定要明白，假如我们不转变观念，凉州的很多好东西就会遭到埋没——包括“阳光温室”工程等很好的项目，也包括凉州贤孝、凉州宝卷等宝贵的历史文化。我们要运用有效的措施、切实可行的

手段，让凉州人认识到传统文化的弊端与宝贵之处。我们更需要一种面对世界的眼光。

凉州的标志性文化有两种：一是凉州贤孝，二是凉州宝卷。但是，无论贤孝，还是宝卷，目前的挖掘工作都做得远远不够。政府没有给予足够的支持，注入的力量不够，民间的力量不够，大家的重视度不够，学者的关注与努力也不够。

不过，在凉州民间，还是有一些文人，在默默地做抢救文化的实事。

因为，凉州人的天性中，对文化有种骨子里的重视。

我在小说《大漠祭》里写道，憨头重病时，还要求灵官带他去文庙。这是真的。这片土地上的人，对文化有种天性中的崇拜与敬畏。

过去，凉州有“敬惜字纸”的传统，就是说，老百姓对写了字的纸非常珍惜、敬畏，不能弄脏，更不能污染。因为他们觉得，伟大的文化是不能被亵渎的。类似这样的习俗，在凉州还有很多。当这种敬畏文化的精神被一代代人传承下来的时候，就会变成集体无意识，影响着人们的生活。

凉州老百姓敬畏文化、崇拜文化，不是因为他们想发财、想升官——真正有文化的人，不会在乎这些东西。有一天我回到家乡，参加同学聚会，在场的有很多官员，也有很多大老板，其中不乏千万富翁、亿万富翁，但是我的同学们不去抢着跟这些人照相，都抢着跟我照相。为什么呢？因为，他们觉得跟我照相比较有意义。

凉州老百姓知道，财富和权力是很难传承的。这一代人有钱，不代表他的儿子就有钱，更不代表他的孙子也有钱。相较而言，文化的价值则更为久远。清朝时的达官贵人们早就消失了，到现在连子孙都找不到，更别提他们的财富了；抗日时期的富翁们的子孙，现在也不过是一些普通人。一切都是无常的。凉州百姓明白这一点，所以他们常说："人上五十，夜夜防死。"他们觉得，死亡一定会降临，追求好多身外的东西，没有什么意义——当然，现在有好多凉州人也在追求房子。没办法，这个时代就是这样。但是他们仍然知道，金钱不能传家，财富不能传家，能传家的，只有文化，只有德行。因此，他们从骨子里向往这些东西。这是凉州大地上本有的基因，当然也是中华民族本有的基因。

比如，我有个朋友，被人诬陷强奸，白白坐了七年牢，但他在监狱里没有受苦，犯人们都很尊重他，监狱干部也很尊重他，因为他是一个文化人。又比如，我有个表弟被判了刑，有一次我去劳改

工地看他，结果犯人们一看见我就大喊：看，那是雪漠！就算是正在劳改，他们也知道《大漠祭》，知道雪漠。为什么呢？就是因为他们骨子里向往文化，在监狱里也读书。

有人曾经问我，为什么凉州历史上的军事传统和商业传统都没有继承下来，唯有文化保存下来了？我告诉她，虽然暴力可以让人迅速达成某种目的，甚至可以形成某种传统，被传递下去，可是一旦有另一种更强大的暴力兴起，之前的暴力就会马上被推翻、被覆盖，朝代的更替就证明了这一点。

经济也是这样。我举个例子：这个领导人修建了很多非常好的建筑，下一个领导人却有可能会把它们推倒重建，战火和自然灾害也可以轻易摧毁它们。当年，美国向广岛投放的原子弹就摧毁了日本的大量建筑，日本的经济水平、国家实力顿时剧减，曾经喧闹的城市骤然变得一片死寂、惨不忍睹；汶川地震前，汶川也有很多楼房，也有代表当地经济的市容建设，但一场地震就让汶川变成了废墟，整个城市的经济水平突然倒退了好多年，很多人积累了一辈子的财富也在一声巨响中消失；一些明清建筑虽然将某种历史印记保留了几百年，但一场城市规划就能在片刻间抹杀一切……所以，经济也罢，暴力也罢，都依赖于其他东西存在，都是善变的，不可能永恒，也无法真正地被传承。只有文化不一样。文化会影响人的心灵，然后依托人类的存在，被一代又一代地传承下去。

因为，只有文化才有传承性。一位作家曾经说过，江山需要文人捧，时代是需要作家们去捧，哪个时代的文化、文学发达了，哪个时代在历史上就非常辉煌。他是对的。唐朝、宋朝的辉煌，跟唐宋八大家与唐诗宋词的出现有着莫大的关系。而且，如果没有这些东西，朝代又能留下什么呢？唐朝连都城都不见了，秦朝的阿房宫也被一把火烧了。除了文化，它们什么都没留下。因此，文化可以显示一个时代的特征，可以传递一个时代的信息，但是它不会被覆盖。比如说，武威这片土地上出现过很多文人，比如阴铿，以及清朝的一些学者，现在又有了雪漠。但是，我覆盖不了他们，后人也覆盖不了我。因为，我们有着不一样的生命体验，有着不一样的价值，彼此之间很难被覆盖。

历史上的诸多名字及其承载的文化，都成了一种不可忽视的存在。无数这样的存在，又会影响这片土地上的民俗风情、民众心态，以及老百姓的文化心态、文化心理，进而形成百姓骨子里的一种基因，影响这片土地上一代又一代的百姓。

比如说，凉州老百姓受佛道文化的影响很深，但他们的信仰未必是宗教意义上的信仰，而更多的是一种文化意义上的潜移默化。这种影响，对他们来说，就像是空气一样，已经渗透到他们的生命深处，变成了一种挥之不去的东西。他们的口中不一定有佛啊、道啊这样的字眼，但是他们的生命基因中就有这个东西。打个比方，如果一个孩子的父母非常善良，这个孩子就容易成善良人。为什么呢？因为生长环境已经把他熏染成那样了——哪怕他不知道善良这个词。凉州人对佛道文化的信仰就是这样，凉州贤孝对凉州人的影响也是这样。

7

其实，很多地方都曾经有过凉州贤孝这样的文化形式。比如，温州有鼓词，东莞有木鱼歌，等等。但是，在那样的土地上，这些文化往往会很快消逝。为什么呢？因为，那些地方的经济太强势了。经济过于强势，就会把固有的文化传统给冲垮。凉州的经济相对滞后，这里的文化传统才会保留得相对完整。至于它们还能保留多久，就说不清了。

流行文化在不断进入，凉州的经济也在发展。如果有一天，凉州的经济发达了，变成了另一个温州，或者另一个东莞，凉州民众的心态就会彻底改变。心态变了，生命习惯也会改变。到了那个时候，凉州贤孝就未必会像现在这么深入民心了。它会很快消失，凉州文化也会消失，凉州人现有的生活方式同样会消逝。

现在，喜欢贤孝的多是老人，听贤孝的也多是老人，年轻听众已寥寥无几了。年轻人的心灵已经被别的东西占满了。他们大多倾向于追求新鲜。他们或许觉得，比起听瞎子们唱贤孝，看《泰坦尼克号》《黑客帝国》《阿凡达》等电影大片更加过瘾。他们宁可泡在电脑跟前，在网络的海量信息中打捞吸引眼球的东西，不断抛弃失去新鲜感的一切，也不愿意把时间放在感受生活、感悟智慧上面。只有“老”人们才喜欢那些轻易听不到的东西，也只有“老”人才勘破了无常，明白了人世的沧桑。换句话说，喜欢贤孝的人，实际上已经“老”了。

这个“老”，指的不一定是年龄，而更多的是一种心境，是一种人生阅历，它未必是贬义的。没有一定的积累，没有一定的阅历，就没有一定的感悟，也没有一定的智慧。没有智慧的人，未必能读懂贤孝，也未必能发现贤孝真正的价值。

所以，不要指望凉州贤孝永远都不消失。它总会消失的，或迟或早。到了那个时候，人们提起凉州，就像今天人们说起楼兰，成为一个尘封的传说。这个遥远的传说中，记录了今天感动你的一切。那时节，贤孝的营养，贤孝的智慧，古人们千百年思考的积淀，也许会依托雪漠作品而存在。时光会飞逝，世事会变迁，沧海或许会变成桑田。如果雪漠作品也消失了，千年来的一切，包括那些智慧积淀，就随之消失了。因此，就算在某

些人的眼中，雪漠作品不是完美的，但任谁也无法否认：它是不可替代的。这就是它的价值。

当你能写出一些不仅能让现代人欢喜、接受，还能承载优秀文化精髓的作品时，你就能做到“不可替代”。这样一来，你所认可的、热爱的文化与存在，或许就会依托你的作品而相对永恒地留存下去，像黑暗中的火炬那样，照亮整个时代，甚至后人的心灵。

但是，做到这一点不容易。目前，青年一代中，这种传统文化已经形成了断裂。表面看来，好多年轻人都走出了那块土地，走出了历史文化的阴影，然而他们依旧难以成长为大树。因为，他们不但远离了曾经束缚过自己的东西，也抛弃了曾经滋养过自己的一切。他们的心灵失去了依怙，就像无根的树苗，很快就会在异乡的空气中枯萎。

我跟他们不一样的地方在于，我读了很多书。无论哲学书、宗教书，还是文学书，只要该读、值得读，我都会去读。我的心没有隔阂，没有屏障，没有很多想象中的那种东西。我能够拒绝，懂得选择，而不是盲目地排斥一切跟自己不一样的东西。我始终面对人类中非常优秀的文化大师，从他们的思想与精神中汲取营养，又不会被他们中的任何一个人所束缚。我学习他们，甚至超越他们，用自己非常独立的心，用非常独特的智慧感悟，去建立一种属于自己的体系、一种属于自己的解读。最后，我才成为了自己。

而且，我有信仰。除了凉州大地为我提供的养分之外，我还信仰佛教。跟凉州贤孝一样，佛教也追求贡献人类，利益众生。在这一点上，我跟一般年轻人不一样。我在走出凉州的同时，并没有迷失自己。而凉州的好多人，虽然也走出了凉州，走出了传统的限制，但是他们在广阔的世界中迷失了自己。这仿佛变成了一种历史的必然。因为，无论在哪一个时代，迷失了的，都是大部分人。

一个时代，只要能出现一两个文化代言人就够了。只要存在着这样的人，他们就能把真正优秀的文明、文化传承下去。我们没有理由要求每一个人、每一个孩子，都像他们的父辈那样活着。离开了父辈，他们或许能活得更好。

有的人或许会觉得，传承一种文化，应该是传承它的形式。形式如果不存在了，那还是它吗？这个观点也有道理，但未必就是正确答案。为什么呢？因为，那文化形式的继承人，未必就能继承某种文化的精神。例如，学者们研究一种文化，记录一种文化，将文化的“数据”用书本和理论留存下去，但是这种文化就像博物馆里的展览品、实验室里的动物标本，失去了鲜活的生命力，跟百姓生活没有一点关系，甚至跟这些学者的生命也没有关系。一些农民对凉州贤孝的“继承”也是这样。

一些凉州农民也会唱凉州贤孝，可是他们的唱，只是模拟了一种形式，不一定传承了贤孝的精神。继承贤孝精神者，可以不读书，可以没有很多的知识与经验，但他们必须有智慧。因为，假如他们不是智者，就很可能会把尿布当成旗帜，去弘扬和传播一些落后于时代的东西，最终被时代抛弃。真正的贤孝，不是那些调调，甚至不是那些歌词，而是那种精神对人类心灵的影响。如果不能对活着的人产生影响，贤孝也就名存实亡了。

我举个例子，有的孩子把《弟子规》背得滚瓜烂熟，可是他一边念着《弟子规》，一边欺负自己的奶奶。这样的孩子肯定不是《弟子规》的传承者。真正传承了《弟子规》的，只有那些真正汲取《弟子规》的营养、成长了心灵的人，绝不可能是鹦鹉学舌者——这个问题，或许是所有想弘扬、抢救传统文化的人都必须仔细思考的。

不要以为自己熟识了某种文化理论，掌握了很多相关知识，就是某种文化的传承者。真正的传承，是对精神的继承，这远比复制形式更加重要。因为，精神的载体可以多种多样，更要与时俱进，但它的前提，是你必须有真的精神。如果没有文化精神，光是抱着老旧的载体不肯放手，就本末倒置了。有的人读书的时候也是这样。他们不知道书的意义是什么，也不知道读书的真正目的是什么。他

们仅仅在读，在背，在充实着自己的知识库。这种人虽然满腹经纶，甚至能出口成章，但他们做人或许做得很糟糕。他们中的一些人，一边对孔子的仁、墨子的爱高谈阔论，一边对窗外那些饥饿的孩子、哭泣的母亲、流离失所的老人们视若无睹。你说，知识、文化之于他们，又有何意义呢？相反，有的人没有知识，没有读过太多书，然而他们读透了人生之书，有自己独特的感悟，他们踩在前人的脚印上，一步一步走出了自己的精彩人生。他们的人格非常完善。他们没有高深的论调，也从不口若悬河，但他们总是力所能及地帮助身边的人，总想尽量多为社会做点事情。显然，对于整个世界而言，后者的存在比前者具有更大的意义与价值。这样的人，才可能成为大善文化真正的传承者。否则，他就只是某种理论的复读机、某种艺术的录音机，没有真正的意义。

六祖惠能不读书，但他照样讲出了《坛经》，照样是千古敬仰的圣人。他有博大的胸怀与伟大的智慧。西部人对凉州贤孝等西部文化的传承也应该这样。

要知道，利益世界、值得世界去向往的，并不单纯是西部文化的某种具体形式，而是西部文化所承载的精神品格。因为有着这样的一种精神品格，西部人比中国任何一个地方的人都更加平和、安详。他们的心是相对宁静的，他们的心里总是葆有一个精神的家园。

虽然说人类的需求多种多样，就像吃饭，大家的口味可能不一样，有人向往乡村，就必然有人向往城市，可是你总会发现，无论怎样的城市规划，都终究会保留着一种“农村家园”的感觉。现在国内有些城市就是这样。比如，他们会增加绿化面积，想要通过绿化达到一种重返自然、重返心灵家园的感觉。这说明，即使社会的发展淘汰了农业文明，人们仍然向往着农村那种淳朴的气氛与味道。因为，淳朴是人类最美好、最原始、最本真的状态。人类始终在追忆这种逝去了的东西。如果他们迷失了，找不到家园，就会非常失落。但找到之后，他们很可能又会在欲望中迷失，然后重新去寻找。人类就是这样，循环着，上升着。我觉得，人类社会的发展也是这样:迷失，寻找，再迷失，再寻找。

文明程度越高，人类对淳朴的向往就越是强烈。所以，你总是会发现，在城市中，越是境界比较高、比较有智慧修养的人，就越是喜欢农村，越是向往农村的淳朴。其中，那些文化层次很高的人，还会通过文学、绘画、音乐、建筑，或者其他艺术形式，来追求和向往淳朴，来践约自己对逝去家园的留恋和怀念。而且，这是一个全球化大背景下的追问，是一种世界性的东西，而不是仅仅存在于某个特殊地域、特定国家的。

当然，我所说的“文明程度”，跟经济水平或者一般意义上的“现代化”不是同一个东西。我觉得，高楼大厦、高速公路、水泥森林、豪华轿车不是真正的现代化。真正的现代化，既是物质上的与时俱

进，也应该是精神上的与时俱进。而且，它更多的应该是一种心灵上的从容，是一种进步的、健康的、包容的、学习的、清醒的心态。它既不能坐井观天，也不能盲目追随。它必须符合人类发展的主流方向。这个方向，并不单纯是物质上的。

我对目前的现代化持有一种很复杂的态度。我觉得，有些看起来很现代化的东西，恰恰是一种伪现代化，而且是极为负面的。比如一些高科技的暴力电影、暴力电视等等。因为，它们的参照系仅仅是物质、利益和人类欲望，已经脱离了“以人为本”的前提。真正的“以人为本”，不应该是盲目满足人类的欲望，更不应该是撩拨人类的欲望，而应该是在满足人类的基本生存需要之后，更多地关注人类的心灵与精神，为人类创造一个更加美好、更加安宁的精神家园。如果脱离了这个理念，商业文明也罢，城市文明也罢，都会迷失方向——这正好是现代社会普遍面临的问题之一。

中国经济正在飞速发展，各大发达国家都非常重视中国市场，也非常重视富有消费力的中国客户。但是，那部分非常有钱的中国人，却不一定快乐，也不一定幸福。

他们处于两极分化的一端，拥有很多另一端的人们所不具备的一切，比如金钱、权力、地位、认可、尊重等。从客观条件上来看，他们具备了大量快乐的“本钱”，却仍然活得焦虑、紧张、空虚，充满了压力和不安。而那些非常贫穷的人们，虽然看起来一无所有，似乎没有快乐的资本，但是他们却未必活得痛苦。他们中的一些人，甚至拥有一种从心而发的自豪感。比如我家乡的那些贤孝艺人们，他们觉得自己为世界做了贡献，为人类带来了一种善美，所以活得特别知足，也特别安详。从这个角度上看，有钱人和穷人所拥有的幸福，在本质上并没有什么分别。不能说一个人拥有千万家产，他的幸福指数就肯定比普通老百姓听一首贤孝，或者一首小曲更高。

当然，现在也有很多穷人过得不快乐，他们愤怒、不满、抑郁、失落，因为他们想富起来，想实现很多心愿，但是办不到。所以，快乐的穷人，只是那些有智慧的人。比如颜回。谈到颜回的时候，孔子说过：“一箪食，一瓢饮，居陋巷，人不堪其忧，回也不改其乐。”这是什么意思呢？就是说，颜回每天只吃一点点东西，喝一点点白开水，住在简陋的小房子里，别人都在担心他，他却过得非常快乐。这就是安贫乐道的生活态度。

单纯的贫穷，并不代表一个人就会快乐，就能知足，就懂得珍惜。相反，好多罪恶和痛苦，也可能是贫穷造成的。之所以西部老百姓活得贫穷而快乐，是因为深厚的土地文化赋予了他们一颗安详的、知足的心，让他们有了一种博大厚重的胸怀。如果有了这样的一颗心，无论他们穷也罢，富也罢，都肯定是快乐而满足的。

比如说，一些有智慧的人明白自己为什么而活，他们在面对诱惑时，懂得拒绝，有所坚守，有所节制，从来不会在财富与利益中迷失自己。他们用自己创造的财富建立慈善基金，为陷入苦难的人们寻求出路，为需要帮助的人们提供帮助。这个时候，他们肯定是快乐的。因为他们活得有意义，有价值。他们真正地传承了一种伟大的文化精神。所以，只要能活下去，一个人的幸福与快乐，就取决于心灵。

我写了那么多书，发表了那么多文章，想要告诉大家的，无非是这个道理。但是我不知道，能听懂，听懂了还能照着去做的人，又有多少呢？

有一次，美国一家电视台的人来凉州采访我，看到西部人的活法之后，他们提出要解放生产力，解放人本身。因为，他们觉得这里的生活方式太落后了。于是，我告诉他们，你们的生活确实很先进，但是你们的幸福感未必比得上凉州一个普通老百姓。我的父亲拉着自家养的小牛去放牧的时候，心里的富足和快乐，完全不输于美国人买到豪华小车的那种满足感——有多少现代人能体会到这份快乐？又有多少现代人在体会到这份快乐之后，能像珍惜重宝那样，去保护它？后来，那美国记者告诉我，听你这么一说，连我也想来

/ 有一些有智慧的人明白自己为什么而活，他们在面对诱惑时，懂得拒绝，有所坚守，有所节制，从来不会在财富与利益中迷失自己。/

这里种几天苞谷了。很有意思。

现在我们一家人客居在广东，以前在凉州的时候，我总让儿子回老家帮我母亲掰苞谷。每次他都会一连掰上十几天，把掰下来的苞谷背回来，吊上房。干着这些事情的时候，他非常快乐。这种快乐，一点也不比他在城里开小车弱。

因此，所谓的“两极分化”，只是以金钱为衡量标准后得出的一种结论。如果你的标准不是这个，也就感受不到真正意义上的两极分化了。像我，就觉得哪儿都一样。在家乡，我坐拥一个巨大的文化宝库；在广东，我同样可以发现城市文化中的宝贝。不过，过上若干年，凉州人可能也会变得很有钱，到了那个时候，或许他们反倒比现在痛苦。因为他们会增加很多欲望。我不知道，这种有钱，到底是幸运，还是灾难？